日本禁酒・断酒・排酒運動叢書 3

仏教と酒

不飲酒戒史の変遷について

藤原暁三――著
日高彪――編

慧文社

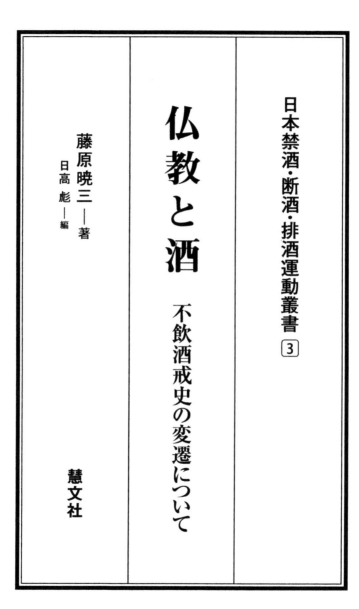

日本禁酒・断酒・排酒運動叢書の刊行に寄せて

アメリカの所謂「禁酒法」について、鼻で笑い馬鹿にするが如き態度をとる日本人は多い。だが、アメリカの道徳的改良主義に源を発する同法が、結果的には失敗に終わったとはいえ、如何に真摯な問題意識から起こった、人類史上稀にみる「実験」であり「試行錯誤」であったのかを我々は改めて確認する必要がある。日々目の当たりにする「酒害」の問題に、目を背けることなく、世に警鐘を鳴らし、それと戦い続けた慧眼の持ち主は、米国のみならず我が国にも多数存在した。しかも、米国の「禁酒法」より遥か昔、古代からわが国では、「禁酒運動」が細々ながら連綿と続けられてきたという事実は、本叢書第一巻「日本禁酒史」において明らかになるであろう。

本叢書は、そのような先人諸賢の言葉に謙虚に耳を傾け、今後の「禁酒運動」発展の一助となるよう、広く古今の名著を収集して編纂されたものである。「運動」といっても、何もプラカードを掲げて市中を行進するばかりが「運動」ではない。我々の周りの問題飲酒者に注意を喚起し、手を差し伸べることもまた、立派な「運動」なのである。

酒害は真っ先に「人間関係」を破壊するが、酒害からの回復もまた「人間関係」によって齎される。或る種の目的を遂げるべく、国や社会、地域コミュニティー、家族などにおける「人間関係」に一定の影響を与えんとすること、それを広い意味で「運動」と呼んで差し支えないとの理由から、本叢書に「運動」の語を冠した次第である。

本叢書が、我が国におけるこれからの「禁酒運動」を理論的に後押しし、一人でも多くの酒害者やその家族の方々に希望の光が兆すことを祈るばかりである。

平成二十八年十二月吉日

編者　日高　彪

改訂版刊行にあたって

一、本書は一九三三年に発行された藤原暁三・著『仏教と酒――不飲酒戒史の変遷について』（出版・少年禁酒軍）を底本として、編集・改訂を加えたものである。

一、原本における明らかな誤植、不統一等は、これを改めた。

一、原本の趣を極力尊重しながらも、現代の読者の便を図って以下の原則に従って現代通行のものに改めた。

i　本文の漢字は新字に、仮名遣いは現代仮名遣いに改めた。しかし漢字片仮名の引用は漢字のみ新字に改め、仮名遣いはそのままに留めた。

ii　送り仮名や句読点は、読みやすさを考えて適宜取捨した。

iii　外来語、国名、人名など一部の語句を、現代の一般的な表記に改めた。

iv　現代の観点から見ると適切ではないと思われる表現があるが、一部には註を附し、時代性と資料性を考慮してそのままに残した。

慧文社

序

もし全国の寺院が　この非常にあたってまず何よりも　禁酒興国！と警鐘《けいしょう》を打ちならしたらどうであろう

――網《あみ》の目のように張り巡された七万余からの寺院　幾百万の信徒を有することであるから　全く日本国中は禁酒の戒厳令がしかれた形になるわけであろう

藤原暁三氏はまだ三十にも達しない若い僧侶である　仏への御報恩として『仏教と酒』の一文を草された　何とかして釈尊が説かれた処の大なる道　不飲酒戒《ふおんじゅかい》を　今日の人々に伝えたい　説きたい　これが自分としての仏へのただ一つの大なる御奉公であるとおもわれて居る

近代科学の教える処を究めれば究めるだけ数千年前に　道を説かれた　仏の教えに一致

する事を識っていよいよこの禁酒興国！の念は増し加わったのであった　そして遂に――仏教と酒――の論文はなったのであった

諸岡存《もろおかたもつ》博士は氏の指導教授であられた　博士から　この論文を示されたとき　実に感喜に満たされた　禁酒はあたかも西洋文化の賜の如く考えるものの多い時　禁酒こそ　東洋文化の基である歴史を明らかにし　事実をただして伝えられたのがこの書であるからである

我が少年禁酒軍は慈雨にあった草木の思いであった

たちまち現実に動いて来た　印刷する事だ　そして何としてもこの書を一人も多くの仏教者に　また一般に読む事をすすめなければならぬと

――我らには金がない　金がない　禁酒興国を信ずる我らに　今この書は　力なのだ宝なのだ　が　印刷するに必要な金がない　愛国の至情は身一杯に湧きかえって居る　その思いを現実にする為には　ただ信ずる祈り　それより外はない　朝に祈り夕に祈禱して

上梓さるる日を天に乞い求めた
三月とすぎ　半歳《はんとし》は夢の如く遂に一年に達した　遂に祈りの答を得ここに上梓の運となった
――或る時は――ナゼ御仏の教えそのものの伝道に　浄財の捧げらるる事かくの如く遅きや！　と恥ずかしい事ながら　つぶやいた日もあった
我が少年禁酒軍はまず第一に全国にある男女　師範学校生にこの書を贈呈する　何というても将来の国民指導の大責任を有される師範学校生に対し仏教と酒――は必読書と信ずるからである
藤原氏の指導教授として諸岡存博士が　少年禁酒軍へ与えられた御厚意を忘るる事は出来ない　しかも博士の禁酒に熱心なるその奉仕はまた藤原氏の心となって　無条件にこの論文を少年禁酒軍へ与えられた事である　信仰は異なっても　我が日本民族への愛撫擁護の志は一つである　ここにまた美しい喜びをさえ持つものである

この書が全国の仏教徒諸氏に愛読され　また一般の人々に熟読さるる日を信じなお我民族の健全な禁酒の階段となる事をうたがわぬものである

装幀は禁酒禁煙の画家藤森静雄《ふじもりしずお》氏によってなった　同氏の御厚意を深謝するものである

昭和八年三月二十五日

日本基督教婦人矯風会

少年禁酒軍長

守　屋　東

目次

四　日本仏教不飲酒戒の変遷

七　新仏教排酒運動

一　緒言

古来酒は百薬の長といい、憂《うれ》いを掃《はら》う玉箒《たまははき》と称えられて来た。その美しい言葉の中には、恐ろしい蠱毒《こどく》が蔵されている。酒の神バッカスの煩悩《ぼんのう》の火は諸《もろもろ》の世間を焦がして行く。日々の新聞が、この恐ろしい悪魔の火に燃焼されて行く世相を如実に物語っている。しかし毒とは知りながらも、恐ろしい魅力を以て人を引き付けて行く、酒の誘惑は甚だ強い。酒を飲んで酒気分《さけきぶん》を味わい得た者であるならば、それから離れることの如何《いか》に困難なるかを痛感するであろう。自らは害毒と知りながら、これだけはいいだろうと自知量《じちりよう》で合点《がてん》し、飲むことに自ずと合理付ける浅ましい薄志弱行の人間、揶揄《やゆ》と嘲弄《ちようろう》との猛烈なる誘惑を以て我に逼《せま》る強い迫力。実に酒から遠離《おんり》することは苦闘である。[王《おう》] 陽明《ようめい》がその畢生の体験を告白したあの有名な言葉、「心中の賊《ぞく》を平《たいら》ぐるは山中の賊を平ぐるよりも難し」。酒の場合は正にそれに妥当する。

この異常なる魅力を持つ酒の誘惑より逸脱せしむべく、古来幾多の学者、宗教家、その他各方面の識者が、それぞれの立場より社会人類に呼びかけた。近世科学の進歩は、酒害の如何に恐るべきものであるかを合理的に喝破して、人間の理性に訴えることに成功した。しかも、理性一途に活くるものにあらざる人間は、理性において酒害を肯定しつつ、情性の欲求に屈することなしとせぬ。ここに依然たるアルコール横行の世相を現じつつあるのである。

理性の勝利は、情性の勝利と伴わねばならぬ。情性の勝利は、多くの場合、信念と信仰との問題にかかり、前者は道徳的であり、後者は宗教的である。而して、道徳上、宗教上よりする酒害の強調は、東西両洋を通じて、既に古き歴史を有し、殊に仏教においては、仏祖釈尊以来、最も鮮明に、且つ強力にこれを唱導し、また、実践を励行し来たったところである。

近世における禁酒運動は、著しく科学文明の形式態様を以て、禁酒励行、排酒断行を高調し、この運動は、宛《えん》として、近世科学文明の処産の如くにさえ観《み》える。しかしながら、これを歴史的実際について考究するに禁酒運動を、社会的に、実行運動の上に顕現したるものは仏教である。殊に日本においては、仏教こそ禁酒運動の大先覚である。

仏教の禁酒運動は、その形式において、近世禁酒運動の科学的、組織的なるとは、その面目において異なるものあるが、その個人愛、人類愛の立場よりする誠意真情に到っては、古今一貫、東西一徹といわねばならぬ。

仏陀排酒の真精神を究め、且つ、我が国仏教の開拓者が、同時に、我が国禁酒運動の開拓者たりし史実を鮮明にせんとするのが本書起稿の眼目である。

二　宗教と酒

宗教において酒は密接不離の関係で、神と人とを結合するものとして古来より用い来たっている。酒が有《も》っている興奮力は、神的生命の享受者となると信じ、アルコールによって、のぼせ上った状態を神域に召されたものとし、酒を命の水といい、神の使いと考えるものもあった。原始宗教においては、酒は一種の魔力を有するものとなし、精霊の偉力を感得することが出来るとせられた。

宗教的儀礼を行う所には必ず酒が附随している。酒を神に供えるばかりでなく、神と共に自らも飲んで陶酔気分になり、全身異状反応を呈して唄い踊ることが、神人合一《しんじんごういつ》、宗教の究竟相《くきょうそう》と考えられたものである。この祭事に於ける会食が宗教的行事の一種として今日までも伝わり、これに酒を伴っていることを見ると、酒と宗教は離れ難いものであることがわかる。神——酒——唄——踊は、如何なる未開人にもある。宗教と酒は人類と共に古いものであると言わねばならない。

酒の起源はしかしながら神話の中に属するものである。試みに和、漢、洋についてその起源を求むると、まず我が国では、素盞鳴尊《すさのおのみこと》が、天照大神《あまてらすおおみかみ》のもとで、悪戯をされる時にも「酔《え》いて吐き散らすとこそ我《あ》が那勢《なせ》の命《みこと》かく為《し》つらめ」とある。また、尊《みこと》が出雲《いずも》に放謫《ほうてき》せられて八頭八尾《はちとうはちび》の大蛇《おろち》を退治する時、八塩折《やしおり》の酒を醸造せられたことが見えている。

大国主尊《おおくにぬしのみこと》の幸魂奇魂《さきみたまくしみたま》は大三輪神《おおみわじん》となって大和《やまと》に鎮まりまして酒の神である。また、大国主命の御子《おんこ》大山咋命《おおやまくいのみこと》は比叡《ひえい》にいまし、山城《やましろ》の松尾神《まつのおじん》と同体酒神《しゅじん》である。大国主尊《おおくにぬしのみこと》が国土経営の時、海に浮んでやって来た少名彦名《すくなひこな》の神も酒造の神と云われている。日本の神様はなかなか酒と関係のあることはこれで知られると共に、起源も随分古いことがわかる。

次に支那では、禹王《うおう》（紀元前二千二百年頃）の時に、儀狄《ぎてき》という者が酒を作って献上したところ、王はこれを飲んで見て、「これは甘い。後世必ずこれを以て国を亡ぼす者あらん」と言って、儀狄を退けたとある。また、『本草綱目《ほんぞうこうもく》』では、酒の起源は黄帝《こうてい》であるとしている。

西洋においてもなかなか古い。

ギリシアでは葡萄酒《ぶどうしゅ》はバッカス酒神の発見としているが、バッカス酒神はなかにも景気のいい神で、常春藤《とこはるふじ》のかづらを纏《まと》い、獅子や豹《ひょう》や虎などに跨《またが》りマイナッドがテュルソスの棒を振って踊り舞いながら随《つ》いて行くなど、酒神の面目が躍如としている。

穀類で酒を作ることを知っているのも古い時代であり、エジプトにおいて最初麦酒《ビール》を醸《かも》すことが知られたものであろうと考えられる。かくの如く酒の起源は古く、その醸す材料も穀類、果物等、種類によって多種多様である。

以上宗教と酒の関係、並びにその起源と思われるものについて大体考察して来たが、さて、いよいよ仏教の飲酒観を述べるにあたりて、一般宗教の中から代表的な異宗の飲酒観を一瞥して置く必要がある。で今ここに、キリスト教、儒教、バラモン教の三つを挙げて見る。

(イ)　キリスト教と酒

旧約全書《ぜんしょ》に、ノアが農夫となって葡萄樹を植えることを始め、葡萄酒を飲んで不仕末をしたことが記されている。また、ヤーヴェ崇拝の理想として、荒野に於ける游牧生活を営むレカブ人の如きは、その宗教の原始的形式を維持する為に、幕屋に住み、農業を禁じ、葡萄酒を飲まなかったものもある。葡萄の栽培と、これに伴う酒は農業時代の特色である。

古くから酒害が認められたことは、旧約の「箴言《しんげん》」によって明らかである。

「禍害《わざわい》ある者は誰ぞ、憂愁《うれい》ある者は誰ぞ、争端《あらそい》をなす者は誰ぞ、煩慮《わずらい》ある者は誰ぞ、故なくして傷をうくる者は誰ぞ、赤目《あかきめ》ある者は誰ぞ、これすなわち酒に夜をふかすもの、往《ゆき》て混和《まぜあわ》せたる酒を味《あじわ》うる者なり。酒はあかく、盃の中に泡だち滑《なめら》かにくだる、汝これを見るなかれ。これは終《つい》に蛇のごとく噬《か》み、蝮《まむし》の如く刺すべし。また汝の目は怪しきものを見、なんじの心は謊言《いつわり》をいわん。汝は海のなかに偃《ふ》すもののごとく、帆桅《ほばしら》の上に偃すもののごとく。汝いわん人われを撃《うて》ども我いたまず、我を梼《たた》けれども我おぼえず、我さめなばまた酒を求めんと」（「箴言」二十三章）

「酒は人をして嘲《あざけ》らせ、濃酒《こきさけ》は人をして騒がしむ、これに迷わさるる者は無智なり」（同上二十章）

と。かく酒害をいたく認めて誡《いさ》めた個所は少なくない。酒宴に浮身をやつす民を、亡国の前に厳誡《げんかい》している「イザヤ書」の如き（六章）、既に酒を飲んで生業を怠り、身心を害ねることに深い注意が払われていたことを知ることが出来る。

イエス出現以前に於ける飲酒観は如上《にょじょう》の如くであったから、イエスもまた酒に対して寛容ではあり得なかったであろうと思う。しかし酒は絶対禁酒にまで進められたかどうかは疑いなきを得ない。イエスの最後の晩餐において、葡萄酒は深甚《しんじん》なる役割をなしている。

彼ら食しおる時イエス、パンをとり、祝してさき、弟子たちに与えて言い給う『取りて食え、これは我が体なり』。また酒杯《さかずき》をとりて謝し、彼らに与えて言い給う、「なんじら皆この酒杯より飲め。これは契約のわが血なり、多くの人のために罪の赦を得させんとて、流す所のものなり。われ汝らに告ぐ、わが父の国にて新しきものを汝らと共に飲む日までは、われ今より後この葡萄の果《み》より成るものを飲まず」。（「マタイ伝福音書」二十六章）

とあって、キリスト教に於ける重要儀式が、葡萄酒をキリストの血として飲んでいることを見れば、酒そのものは極めて重要な位置を占めたものといわねばならぬ。イスラエルの神前会食の思想を享《う》けたものが、イエス最後の聖餐で、やはり古来よりの酒は離れることが出来なかったのであろう。聖徒パウロも、「宴楽酔酒に婬楽好色に歩むなかれ」と、訓誡をたれているが、とにかくキリスト教も、その原始教会においては、今日の如く全然の禁酒ではなかったものの様に考えられる。酒害に対して深き注意が払われていることは注目すべき所であるが、宗教そのものとしては禁酒教義が断行せられてはいなかったということを、その原型において見ることが出来る。

(ロ) 儒教と酒

支那において夏《か》の禹王は、儀狄の醸した酒を飲んでこれを甘しとし、これによって国を亡ぼす者が後世出るであろうと、遠慮して退ぞけたと伝えられていることは前に述べた。孔子の飲酒観は『論語』郷党第十において、

「酒は量なし、乱に及ばず」

と云うのであって、飲むなというのではない。酒は乱に及ばねば飲んでもよいと世人に許容しているのが、儒教の態度である。乱に及ばずという限界線は極めて難しい。酒害は認めるが、その程度を適当にするということは凡人には甚だ困難である。また礼儀として郷《きょう》飲酒《いんしゅ》の礼があることを見ても儒教は酒に対して絶対に禁酒を強うるものでないことを知る。

㈧　バラモン教と酒

インドバラモン教に於ける酒は極めて重大なる位置にある。ここには有名なる酒神蘇摩《ソーマ》(Soma) がある。酒神蘇摩は祭壇の重要神として、蘇摩祭は甚だ重大なるものであった。リグ・ヴェーダによってその蘇摩酒の製法を見るに、蘇摩と称する攀上《はんじよう》植物の茎を摘み取り、石を以てこれを圧搾《あつさく》して黄色《こうしよく》の液を得、これを三個の瓶または壺に入れ、羊毛製の篩《ふるい》に依て漉《こ》し、十指を以てその糟《かす》を去り、更にこれに牛乳、酪《らく》、麦粉を雑《まじ》えて醗酵せしむるものである。元来は山の産物で北方のムージャワット山をその原産地としている。

蘇摩の作用中第一に位すべきは、諸神並びに祖先の飲料となることで、これを好まぬ神はないのみならず、彼等が不死を得たのも蘇摩を飲んだ為であると云う。これを一名「不死」すなわち「甘露」と称するのもこの点より来たらしい。その興奮力は神人に勇気を与える。特に因陀羅《インドラ》の神酒となっては、悪龍ヴリトラを征服せしめたので蘇摩自身が、直にヴリトラ殺者の称号を以て叫ばるることもある。これより一進して蘇摩《ソーマ》は手に百穿《ひやくせん》の武器を以て、悪魔退治に従事すと観ぜられた所もある。またその黄色が太陽の光に似た点よりして、彼は蘇利耶《スーリヤ》の車に乗りて、下界を監視するものとせられ、これと勇者たる方面と結び付けて、暗黒を払い光明を与うる神ともせられた。詩にいう

我はソーマを飲めり。我は不死を得たり。我は光明を得たり。我は諸神を知れり。

と。この数句よくソーマの効能を云い尽くしている。かくして蘇摩祭は後世まで行われたが、蘇摩酒は酒として美味でなかったし、民族の南下と共に真実の蘇摩草を得難きに及んで、米から作るスラー酒 Sura を以てこれにかえたのである。蘇摩祭は長くインド民族を動かし、後世まで神酒として祭祠に附随し、酒と宗教の離れ難きを示している。蘇摩祭以外に幾多の祭が行われた。その二、三を挙げれば、

サウトラーマニー祭 Sautramani この祭はスートラマシすなわち因陀羅を主とし、兼ねてアシェウェン、サラスワティー神を祭る式である。この祭にはこれらの神に米酒を捧

げてバラモン姓が名誉を望み、クシャトリヤのものが勝利を、ヴァイシャが富貴を望む時に、この祈願の目的で行われたものである。

力飲祭《ヴィージャペーヤ》 Vajapeya は国王が勢力を得た祝いとして、ソーマおよびスラー酒を飲む祭で無限の支配力を得んとするものである。

馬祠《ばし》 Aśvamedhā は馬を屠《ほふ》り火に焚いて、人は酒を飲みその祝福を唱える祭式である。これは万福を祈る為に行われた。

以上がバラモン教のいわゆるヴェーダ天啓教の行なっていた祭式である。酒は神として好まぬものはない。しかも蘇摩酒神の祭壇上に占むる位置は甚だ重要である。神的生命の享受者となる為には、神が飲む不死の酒を模倣して、周到に準備された生命の酒である蘇摩は、神に捧げるばかりでなく、神と共に飲んだのである。これらの祭式にはいずれも神酒を供え、犠牲を捧げて神に功徳を祈願している。功利的利益交換主義の不健全なる信仰である。バラモン教にあってはかくの如く酒は公然許され、盛んに飲み荒らした麻酔の宗教であったのである。

三　仏教不飲酒戒史の開展

㈠　仏陀と酒

仏陀が人生の諸相を如実に観察して、苦悩多き人生に常住安穏の境を求めようと、遂に王子の位を捨棄《しやき》して出家求道の結果、旧来のバラモン教を脱却して新たに宗教を創められたのが仏教である。仏陀の飲酒観を見る前に、まずバラモン教を否定して、全く新しい立場に立たれたその宗教的特色について眺めよう。

⑴　仏教の開創とその宗教的特色

仏陀の人生の苦悩を解脱しようとする熱烈なる宗教意識は、四時《しいじ》歓喜《かんき》に充たされた宮廷生活をも棄て、断ち難き愛する妻子の恩愛の絆をも断って、一介の乞食沙門《しやもん》となり、道を求めて東に西に渇する者の水を求めるが如く、尋師問道《じんしもんどう》せられたけれども、一として自分の要求を充たし安心を与えてくれる者はなかった。ここにおいて既成宗教である天啓を誇るヴェーダの神も頼むに足らない。肉体の束縛を脱して心の平安を求めようとする苦行も徒労に帰した。六ケ年の星霜、道を求めて焦りに焦った仏陀の失望落胆は、黒闇《こくあん》の中に放り出された。既成宗教が一として頼むに足らずとせば、最早行くべき道はただ徒《いたずら》に外に求めるべきでなく、自らの内に向かってこれを求めようと尼蓮禅河《にれんぜんが》の流れに塵垢《じんく》を洗い清め、少女の捧ぐる牛乳に体力を回復して、河畔の菩提樹《ぼだいじゅ》下において端坐《たんざ》瞑想、遂に大覚成道《だいかくじょうどう》せられたのである。仏陀成道の内容はいわゆる四諦八聖道《したいはっしょうどう》である。道を得、法悦にいたる仏陀の鹿野苑《ろくやおん》に於ける初転法輪《しょてんぼうりん》は正しくこの間の消息を語っている。

「汝等比丘《びく》よ、世に二つの極端あり、道を求むるものは常にこれを遠《とおざ》けざるべからず、二つの極端とは何ぞや。一は歓楽の生活なり。欲情と享楽とに溺るる生活なり。これは低劣にして下賤卑俗にして品位なく空無なり。一は苦行の生活なり。これは多苦《たく》にして品位なく、空無なり。汝等比丘よ、如来はこの二つの極端より遠く離れ、その中道を見出したり眼《まなこ》を開かしめ心を開かしめ、安息、知慧、光明《こうみよう》、涅槃《ねはん》に至らしむる道を見出したり。汝等比丘よ、如来の見出したるこの中道とは何ぞや。眼を開かしめ、心を開かしめ、安息、知慧、光明、涅槃に至らしむる道とは何ぞや。そはこの聖八正道なり。曰く正見《しようけん》、正思惟《しようしゆい》、正語《しようご》、正業《しようごう》、正命《しようみよう》、正精進《しようしようじん》、正念《しようねん》、正定《しようじよう》、すなわちこれなり。汝等比丘よ、これ如来の見出したる中道なり。眼を開かしめ心を開かしめ、安息、知慧、光明、涅槃に至らしむる道なり」。（〔ヘルマン・〕オルデンベルグ『仏陀』一九）

世相は一切皆苦《いっさいかいく》である。この苦を正しく如実に知見しないから来る錯誤が、苦行主義を取り、また快楽主義に奔《はし》る。琴をかき鳴らす音《ね》には線の弛《ゆる》めるのも不可であり、線の張り過ぎたるも不可である。調和せられた穏健中正の所において、かき鳴らす時に妙音を奏でると同様に、苦行主義に走らず、快楽主義に落ちず、両極端をはなれた中道において、倫理、克己、制欲の人格主義を立てられたのが八聖道である。八聖道は正見に始まり正定に終わっている宗教的修道の徳目であるが、それぞれ八項目が別々なものでなく、有機的関係をなしているものである。物の真相を如実に知見する正慧見が修道の根本基調である。従って正定は情欲の心の浪をしずめ、人間最後の本性を徹見《てっけん》して叡智の光によって、宇宙人生の真相に触れるのである。あたかも清く澄める清水を湛《たた》えた湖面の如く、よく磨かれた鏡の面に森羅万象そのままを写す様に、宇宙人生の如実《にょじつ》の相があらわれる。正定の智はすなわち菩提《ぼだい》である。この菩提によって導かれる無限の生命すなわちそれが涅槃である。正しき禅定《ぜんじょう》は仏教理想実現の究竟《くきょう》の方法である。仏教が天啓の宗教と異なり自覚の宗教、禅定の宗教であることが実に仏教の特色である。

仏陀の根本教説、四諦八聖道による宗教は、精神の健全なることを要する。好きだからとて、有りもせぬことを附け加えたり、嫌だからとて看過したりする様な情執によって認識を左右せらるべきではない。酔いて借金取りの声を鶯《うぐいす》の声と感ずる如き、宗教的阿片《あへん》中毒の状態を言うのではない。如実知見《にょじっちけん》、あるがままなる観察は健全にして正常なる精神状態においてのみ可能である。ここにおいて仏陀が精神の健全調和を破る一切の酒に対して、断乎として禁制せられたのは、この深い教説の上に立ってなされたものである。単に酒を害毒として禁ぜられたのでなく、仏陀の教説の特色を害《そこな》うものとして禁ぜられたものといわねばならぬ。以下飲酒禁制の因縁、仏陀が禁酒へ導く説法の巧みと全仏教徒として最も根本基調となる五戒の中に不飲酒を置かれたことについて述べることにする。

(2) 不飲酒戒制定の因縁

仏陀が時に応じ折にふれて、仏弟子の非行を見て戒められた、その説法なるものは高遠なる理論ではなく、却って最も手近な実際問題に触れて、十分にその非を覚らせ実践躬行《じっせんきゅうこう》すべきことを主眼とせられた。不飲酒戒制定の因縁となったサーガタ物語はこの間の消息を伝えている。今巴利律蔵《パーリりつぞう》波逸提《はいつだい》五十一に戴せている物語について見よう。

仏弟子サーガタは遊行の途中、村中の人々が害悪を被《こうむ》って困っている猛烈な毒龍と闘いこれを仆《たお》した。村人達はサーガタの豪勇を称えて、この歓喜と感謝の為に、村の家毎から純浄な上酒を集めて献上し供養した。サーガタはその酒を十二分に飲んで泥酔し、村の入口に倒れていた。時に仏陀は多くの弟子と共に遊行の途中此処《ここ》を通られ、正体もなく泥酔したサーガタの醜態を眺められて、比丘等に「サーガタを運んで来よ」と命ぜられた。比丘等は命のままにサーガタを園に運んで来て、仏陀の方へ頭を向けて横えた。するとサーガタは身を転じて仏陀の方へ足を向けて臥する無礼をした。仏陀はこの生ける実例を前にして、比丘等に向かって問われた。

「日頃のサーガタは如来を敬い、且つ従順にはあらざりしや」

「然なり」

「今のサーガタは如来を敬い、且つ従順なりや」

「否なり」

「比丘等よ、サーガタはアンバェッティにおいて龍と闘いしや」
「然なり」
「今のサーガタは龍と闘い得るや」
「否らざるなり」
「飲むべき正当のものを飲みて、無意識となり得るや」
「然らざるなり」

かくて仏陀はスーラメーラヤを飲むことを禁ぜられた。これが仏教不飲酒戒の制定の因縁となっている。この物語は南伝律蔵のみならず、四分律五分律等においても同様である。比丘修道規定として禁制せられたもので、その配罪上よりいえば波逸提罪《はいつだいざい》に処せられることになっているが、これは仏滅後結集の結果になったものであろう

(3) 五戒の一としての不飲酒戒

仏陀が酒に対する観察は出家前、宮廷生活の歓楽の巷に栄華の生活を送り、酒と色とについては自らの体験が十二分にあったから、それが修道の障礙《しょうげ》として如何に恐るべきものであるかを知悉《ちしつ》せられた。その為には実に穿《うが》ち得た説法となって仏徒達をして自ら悩んだ轍《てつ》を踏ましめまいとの遠慮からではなかろうか。原始聖典に説かれた徹底せる教誡は実に驚くべきものがある。長阿含《じょうあごん》の『善生経《ぜんしょうきょう》』には飲酒の六失《ろくしつ》を数えてある。

一、財産を失う
二、病を生ずる
三、闘諍《とうじょう》する
四、悪名《あくみょう》流布する
五、恚怒《いかり》暴《にわか》に生ず

六、智慧日に損ず

善生よ、長者子よ、飲酒を止めなかったならば、汝の家業は日々に損滅《そんめつ》するであろうと。

また『善生経』の偈文《げもん》は一層これを布衍《ふえん》して具に飲酒の害毒を説明している。

酒に迷惑する者には
また酒伴《しゅはん》の党あり
財産正に集聚《しゅうじゅ》すれども
己に随って復《ま》た散尽《さんじん》す
飲酒には節度なし
常に歌舞戯《かぶぎ》を喜んで
昼は出で、他家に遊び
これに因りて自ら隧《すい》に陥《おちい》る
悪友に随って改めず

出家人を誹謗《ひぼう》す
邪見《じゃけん》世に喋《ちょう》せらる
穢《え》を行《ぎょう》じ人に黜《しりぞ》けらる
好悪外色に著《つ》く
ただ勝負の事を論ず
親しく要して反復なし
穢を行じて人に黜けられ
酒の為に荒迷《こうめい》せらる
貧窮自ら量らずして
財を軽んじ奢用《しゃよう》を好み
家を破りて禍患《かかん》を致す
擲博《てきはく》は飲酒に群《むらが》り

共に他の婬女《いんじょ》を伺《うかが》う

と飲酒によって、道徳的にも家庭的にも保健上から見ても重大なる害毒を流すものであることを示している。酒によってもたらされる不祥事は実に直接間接にも大きな禍毒を残して、個人悪のみならず社会悪を醸すに至る。この事実は古往今来《こおうこんらい》変ることのない事実である。仏陀は教誡をするに色々の方面に渉《わた》って、実際生活の指針となるべき訓誡も少なくない。『六方礼経《ろっぽうらいきょう》』には家庭経済に注意せられて、財産消失の縁となるべき六因を数え、その第一には飲酒に耽《ふけ》ることが挙げられている。また王者の十徳を挙げる中に酒に心を乱さざることを徳目として数えている。仏陀は何処までも酒と離れることを旨とせられていた。この意味において仏陀の教団人としての信者の修行規定を作り、殺盗婬妄《せっとういんもう》の四重罪に加えるに不飲酒の戒を以てして仏教特有の五戒を作られたことである。五戒を歴史的に見る限り、必ずしも仏陀の創設ではない。バラモンの梵志期《ぼんしき》の修行徳目を踏襲されたものであろうが、しかしこれを単なる規定に止めずして実践に移されたことである仏陀の教団人はあくまでも正常意識に於ける中道生活、いわゆる道徳的宗教的の人格生活に重きを置いたからである。

仏教教団には他の宗教に見る如く神前会食において酒を用いた一般の風儀とは異なって、断然教団には酒を入れぬこととした無酒の僧伽《そうぎゃ》を作ったことは、仏教が従来の天啓教を破《は》して、自覚禅定の宗教であるが如くに、宗教全体の上から見ても一大革新であらねばならぬ。五戒は実に仏教徒として如何なる者も守らねばならぬものであって、殺、盗、淫、妄の四重罪はそれ自ら罪悪であるから、普通の宗教においても誡めている所であり、人間として道徳悪であることは古今東西共通の事実である。飲酒が罪悪を引き起す原因として、これを五戒の一として普通戒にまで推し進めたことは、実に仏陀の卓見であり、仏教戒の一大特徴である。二千五百年の昔において、完全無欠な禁酒運動が仏陀によって起こされたということは、極めて注意すべきことである。無酒国の建設が、その大理想であった仏陀の精神こそは、今日の飲んだくれの僧侶、仏教徒にとっては、一大痛棒そのものであらねばならぬ。禁酒運動が、キリスト教の手で行われているのを他人事のように考え、自らは酔中に快を貪《むさぼ》りて、自家掌中《じかしゅちゅう》の宝を奪われつつあることに気が付かないというのは、全く驚き入った異常状態といわねばならぬ。心ある仏教徒や、僧侶たちは、速かに猛省一番すべきである。信者の聖日として、克己日《こくきび》に守る八斎戒《はっさいかい》も、受具《じゅぐ》の前にある沙弥《しゃみ》、沙弥尼《しゃみに》の十戒も、いずれもこの五戒の上に若干附加せられたに過ぎない。五戒は実に仏教戒律の基本である。

仏陀が五戒を制定せられたので、上戸党がその法筵《ほうえん》に列なることを拒避した面白い物語がある。これによって、仏陀が随機説法に巧妙なる、いかなる暗愚頑冥《あんぐがんめい》の徒も遂に教化に浴して行く有様が見える。健酒物語がそれである。仏在世の時、祇園を去る七里に一老公の健酒と云うものがあった。阿難《あなん》が往《ゆい》て諭し、仏の所に至る様勧めたが、老公がいう「我往《われゆい》て仏を見んと欲《おも》えども、仏よく人に五戒を授けて、酒を飲むを得ざらしむ。我酒なきは小児に乳なきが如く、やがて死すべし。我これに堪えざるを以て往かず」

と。却って大いに酒を飲み、酔うて暮になった。家に帰ろうとして樹株《きのかぶ》に蹶《つまづ》いて地に倒れ、玉山《ぎょくざん》の崩れた如くに挙身《きょしん》皆痛んだ。そこで大いに悔い、阿難の諫諭《かんゆ》を思うこと深く、やがて家人に扶《たす》けられて、仏の所に行った。阿難は老公の来たのを見て、歓喜して仏に白《もう》した。仏はすなわち老公を見て問いたもう。

「五百車の積薪《たきぎ》を焼き尽さんとするには、幾車の火を用うべきや」

老公白す

「多くの火を用うるを要せず。豆ばかりの火にてしばらくの間に焼き尽すを得ん」

仏また問いたまう、

「公はその衣を着てより幾時をか経たる」

「一歳」

仏問いたまう、

「その衣を浣《あら》いて垢を除かんには、幾歳にして可なるべき」

公答う
「灰汁《はいじゅう》一斗を得て浣わば、須臾《しゅゆ》にしてすなわち浄からん」

仏、公に語りたまう、

「公の積罪は五百車の薪のごとく、また一歳の衣の垢のごとし」

老公すなわち仏より五戒を受持して、豁然《かつぜん》として了解した。とある。（縮蔵・暑七『衆経撰雑譬喩経』巻下）

(4) 薬用としての酒

仏陀は、以上述べ来たった二、三の事例によって見られるが如く、酒を禁止せられたけれども、如何なる場合にも禁制せられたのではない。酒といえども薬用にすることは許された。ここに二、三の例を引用することとする。

比丘不飲酒戒の因縁をなしたサーガタも仏陀から酒を禁ぜられたので、先習の久しき却って気力衰え死に頻した。そこで仏陀は彼に酒を許されて戒められた。

「漸々《ぜんぜん》にこれを断ち、酒気を嗅ぐまでに至りて全然《ぜんぜん》断てよ」

遂にサーガタは本復《ほんぷく》した。

また『舎利弗問経《しゃりほつもんきょう》』の中にも同様な物語がある。迦蘭陀竹園精舎《からんだちくりんしょうじゃ》に一比丘が疾病の為に、年を経て危篤に瀕していた。時に長老優婆離《うばり》が問うて云う、

「汝何の薬を須《もち》うるや、我汝が為に覓《もと》めん。天上人間乃至《ないし》十方これ用うべき所のものは我皆為に取らん」

と、答えて云う。

「我須うる所の薬はこれ毘尼《びに》に違う故に、我覓めずして以てここに至れり。いずくんぞ身命に逮《およ》んで法律を容るるなけん」

「汝が薬これ何ぞや」

答えて云う

「師よ言わん、酒五升を須《も》ってなり」

優婆離曰う、

「もし病の為に開《かい》するは如来の許し給う所なり。為に乞うて酒を得、服し已《おわ》って差《さ》を消せ。差已《おわ》れば慚《ざん》を憶《おも》うことなお犯律《ほんりつ》を謂《おも》うが如くせよ」

と後病《のちやまい》快癒して仏の所へ往て慇懃《いんぎん》に悔過《けか》した。仏陀は為にこれに説法せられたのであった。

かくの如く薬用以外酒は仏陀の教団からは全然斥けられた。酒の如き麻酔剤を以ていわゆる薬品を以て恍惚の妙境に引き入れることは出来るが、それは一時的のものであって永久的のものではあり得ない。利人鈍者を選ばず自らの醒覚《せいかく》に訴える理会《りかい》会得《えとく》によって把握したものは自己の宗教的妙趣《みょうしゅ》であり、他から如何にしても取り去るべきものではない。仏陀はその身を下して乞食行者の、みすぼらしい姿であらせられたが、心の魂には世尊仏の偉容を以て、その光よく衆生をしてその前に跪《ひざまず》かしめた。蓋し覚者の光は自ら被うことが出来ないのであろう。舎利弗《しゃりほっ》と酒漢との問答はまた仏者と外道とを対比せしむる逸話である。仏陀が祇園精舎に在せし時。舎利弗は独り拘薩羅《コーサラ》国の村落に遊化《ゆけ》した。或る朝彼は衣《え》を着け鉢を持って村落に入ると、一人の尼犍子《ニケンシ》が酒に酔うて片手に酒瓶を揚げ、千鳥足になってやって来たが、舎利弗が一衣一鉢、威儀厳かに来るを見て、悪戯半分に鼻唄をうたい出した。

「米の膏《あぶら》が身に泌みりや
米の膏の瓶《かめ》もてば
山も大地も草も木も
黄金色に見えるわい」

舎利弗はこれを聞いて浅ましく思うた。彼はこの悪声を浴せかけられて黙することを得ず、

「無想の境に憩い
空三昧《くうざんまい》を味《あじわ》えば
山地草木《さんちそうもく》尽《ことごと》く
塵《ちり》か芥《あくた》に見ゆる哉」

と上機嫌の酔漢に対して覚めたる仏弟子の面目が躍動して、よく仏教の無酒主義を表現している。（山辺［習学］『仏弟子伝』）

(二) 部派仏教と酒

大聖仏陀の偉大なる音容《おんよう》に接し、随喜《ずいき》渇仰《かつごう》した教団も、仏陀の入滅によって師主《ししゅ》を失い、教団統率の為にすこぶる困難を生じた。ここに教団の統制が焦眉《しょうび》の問題となり、仏陀在世の時、弟子達に示された教誡が、遺弟の間に雑然として記憶せられていることは、統一に甚大なる障礙となるものであるから、これを一所に統制整理する必要がある。ここに遺弟達が集合して、仏陀の遺誡を纏《まと》めることになった。これが結集《けつじゅう》と云われるものである。伝説によれば長老迦葉《かしょう》を上首《じょうしゅ》とし、長老優波離《うぱり》を誦出者《ずしゅつしゃ》として、第一回の結集が行われた。この結集において大迦葉《だいかしょう》の取った態度は、「吾等小戒軽律を棄てなば、人々は沙門ゴータマが弟子の為に制定した戒は、実に荼毘《だび》の煙までの間のものであったといわん。されば制定せられなかったものを制定せず、制定せられたものをすべて遵奉せん」というのであった。この提議は長老達の認むるところとなり、この主旨の下に行われたのである。かくすることが教団の権威を保つ上に必要であったからであろう。

この正統派は仏陀の教えを維持し、存続せしむる為には、与えられたるものを与えられたるままに受けることであった。この傾向は後に至るに随って、ますます濃厚となって来た。仏説といわるるものはすべて真理であり、何等の誤りをも含むというが如きは夢想だもせず、まして個人的解釈などは容るるにあらずとした。実に戒律第一主義をなさしむる所以である。戒律は条目を整え、細目に分化して極めて煩瑣複雑《はんさふくざつ》なる形式となり、その尽くを権威あらしむる為に、仏陀の制定とした。この戒律主義の時代を代表するものに法蔵部の四分律《しぶんりつ》、化地部《けちぶ》の五分律《ごぶんりつ》、有部《うぶ》の十誦律《じゅうじゅりつ》、大衆部《たいしゅうぶ》の摩訶僧祇律《まかそうぎりつ》、南伝上座部律《なんでんじょうざぶりつ》等がある。いずれも煩瑣広大なるものである。制戒の厳粛であることは、一には内面の要求と外には耆那《ジャイナ》教の苦行主義が影響を及ぼしたものであろうと思われる。これを教義に見るも、甚だ哲学的に整頓され神学ともいうべき大なる論書が作られている。仏陀の在世とは遥に異なり、仏教学として成立を遂げた。学派は実に分裂に分裂を重ね、部派仏教とも云わるべき時代を現出した。この小乗仏教において、飲酒は如何に見られているかを述べることとする。まず四分律に於ける飲酒戒を見よう。

(1)　四分律に於ける不飲酒戒

四分律は比丘の二百五十戒、比丘尼の三百四十八戒の戒目を数えている。その戒目を波羅夷《はらい》四（尼八）、僧残《そうざん》十三（尼十七）、不定《ふじょう》二（尼無）、捨堕《しゃだ》三十（尼同）、単堕《たんだ》九十（尼百七十八）、提舎尼《だいしゃに》四（尼八）、衆学《しゅがく》百（尼同）、滅諍《めつじょう》七（尼同）に分類せられている。波羅夷は重罪で、これを犯せば教団を放逐せられ比丘としての生命を断たれるものである。僧残は罪教団に留ることを許されるが、その中での最も重いもので、僧衆の前で懺悔《ざんげ》することによって許される。僧残以下は軽罪で懺悔で許される。それに重いものほど、複雑な懺悔法で、軽い罪には簡単な懺悔法になっている。飲酒戒は単堕九十の中の五十一に置かれている。まず戒律制定の因縁、仏世にあった事実を挙げて、「もし比丘、酒を飲むものは波逸提《はいつだい》なり」と制文《せいぶん》を掲げ、次に配罪《はいざい》を述べている。

(イ) 因縁

先に述べたサーガタ物語と同様なもので少し相違しているだけである。仏が支陀《しだ》国に在せし時に、弟子の娑伽陀《さがだ》が、一編髪梵志《へんぱつぼんし》の家に一宿して、その家に住む毒龍を降伏せしめた。これを知った拘睒弥国主《クセンミこくしゅ》は、深く娑伽陀《さがだ》に帰依し、もし娑伽陀の師である世尊がこの国に来至《らいし》したまう時は、礼覲《らいきん》したいと云ったので、娑伽陀も大いに喜んでこれを聴許《ちょうきょ》した。その時に仏は支陀より拘睒弥国に至り給うたので、約《やく》の如く拘睒弥主はこれを迎え、その教化を受けたのである。娑伽陀と六群比丘とが後にその席に来たのを見て、拘睒弥主は喜んでこれに向かい、その欲するところを供養すると申し出たのである。六群比丘がこれを見て、娑伽陀に勧め、衣、鉢、尼師壇《にしだん》、針筒《しんとう》は得易し、ただ得難き黒酒《こくしゅ》を求めよと勧めたので、これに随い、翌日拘睒弥主の家に至り、種々の甘饌《かんせん》、飲食の供養を受け、黒酒を受けて飽満した。中路において酒の為に酔わされ、地に倒れて吐き、衆鳥乱鳴《しゅうちょうらんめい》すとある。

この時に仏陀は遊行の途中これを見て不飲酒戒を制定せられたものである。

(ロ)　酒の十過

爾時《そのとき》世尊知りて故らに阿難《あなん》に問い給うた。「衆鳥何が故に鳴喚《めいかん》する」と阿難仏に白《もう》して言《もう》さく「大徳《だいとく》この娑伽陀《さがだ》、拘睒弥主の請食を受け種々《しゅじゅ》に飲食し、兼ねて黒酒を飲み、道辺に酔臥《すいが》して大いに吐く、故に衆鳥をして乱鳴せしむ」と仏阿難に告げたまわく「娑伽陀は癡人《ちじん》なり。如今《にょこん》小龍をも降伏すること能わず、況んや能く大龍を降伏せんやと云われて、酒の十過を説かれた。

一　顔色《がんしょく》悪し

二　力少なし

三　眼視《がんし》明らかならず

四　瞋恚《しんい》の相を現ず

五　田業資生《でんごししよう》の法を壊す
六　疾病《しつびよう》を増致《ぞうち》す
七　闘訟《とうしよう》を増す
八　名称なくして悪名《あくみよう》流布す
九　智慧減少す
十　身壊《しんえ》命終《みようじゆう》して三悪道に堕《だ》す

㈧　酒の種類

四分律に挙げる所は
（一）穀酒《こくしゆ》（窣羅《スラー》）穀物を以て酒を醸《かも》したもので、粳米酒《こうまいしゆ》、余《よ》の米酒《まいしゆ》、大麦酒《だいばくしゆ》がある。
（二）木酒《もくしゆ》（迷麗耶《メーラヤ》）梨汁酒《りじゆうしゆ》、閻浮果酒《えんぶかしゆ》、甘蔗酒《かんしよしゆ》、舎楼伽果酒《しやるかかしゆ》、蕤汁酒《すいじゆうしゆ》、蒲桃酒《ぶとうしゆ》で密《みつ》、石密《せきみつ》を雑《まじ》えて作る。

(三) 穀酒、木酒以外の酒法で作るもの。

アルコール分を含有し、人を酔わすもの、それは純酒でなくても、禁ずる所である。

(二) 酒と非酒との区別

酒と非酒との区別には、今日の如くアルコール分の含有量によって決定することが出来なかった時であったので、色、香、味の三方面より、飲むべきものと、飲むべからざるものとを区別している。

飲むべからざるもの

(a) 酒で酒色、酒香、酒味あるもの
(b) 酒で酒色、酒香、酒味にあらざるもの
(c) 酒で酒色にあらず、酒香、酒味にあらざるもの
(d) 酒で酒色にあらず、酒香にあらず、酒味にあらざるもの

飲んでよろしきもの

（a）非酒で酒香、酒味、酒色あるもの

（b）非酒は酒色酒香酒味にあらざるもの

（c）非酒で酒色にあらず酒香酒味にあらざるもの

（d）非酒は酒色にあらず酒香にあらず酒味にあらざるもの

いやしくも酒であれば、色香味を具するものは飲むべからず、色香味の三共に具せざるものもまた飲むべからずである。その中間なる、香味ありて色なきもの、色香ありて味なきもの、色味ありて香なきもの、味なきものも飲むべからずである。酒にあらざるものは、色、香、味を具するも、これを飲むに妨げないことはもちろんである。

㈭ 配　罪

配罪は波逸提罪《はいつたいざい》と突吉羅罪《ときらざい》である。いずれも軽罪で前者は懺悔法によりて罪を滅するものであり、後者は自己の心に懺悔すればよいのである。表示すれば左の如し。

波逸提
- 酒を飲む
- 酒にて煮、酒を和合せしを飲食す
- 酒に酒想《しゅそう》
- 酒の疑《うたがい》
- 酒に酒想なし

突吉羅
- 甜味酒《かんみしゅ》を飲む
- 醋味酒《さくみしゅ》を飲む
- 麹《きく》もしくは酒糟《しゅそう》を食う
- 無酒に酒想
- 無酒の疑

無犯
- 如是《によぜ》如是《によぜ》の病あり余の薬治は差《い》えず
- 酒を以て薬となす
- 酒を以て瘡《そう》に塗る

（境野［哲（黄洋）］博士戒律研究、国訳一切経　律部二）

以上四分律に於ける飲酒戒《おんじゅかい》を述べて来たが、実に細密煩瑣驚くべきものがある。比丘、比丘尼の具足戒に於ける飲酒戒は実に軽垢罪《きょうくざい》として取り扱われ、重要なものでない様に思われる。これは何故であろうか。この疑問を抱いて全仏教に於ける戒を眺めてみる

五　戒（飲酒）
八斎戒（飲酒）
　―― 優婆塞《うばそく》 優婆夷《うばい》 ―― 在家戒《ざいかい》

十戒 ―― 沙弥《しゃみ》 沙弥尼《しゃみに》
六　法 ―― 式叉摩那《しきしゃまな》
具足戒
　二百五十戒 ―― 比丘《びく》
　三百四十八戒 ―― 比丘尼《びくに》
　―― 出家戒

具足戒の中には飲酒戒《おんじゅかい》は軽罪であるけれども、具足戒を受ける前の予備期である沙弥、沙弥尼の十戒の中には、その第五戒に不飲酒戒を制定してある。沙弥尼が受具する前に一時式叉摩那として六法を守る中にも含まれている。されば不飲酒戒の徳目は比丘、比丘尼に軽いのではなく、受具前に不飲酒戒を厳守することが出来て、既に飲まなくても済むということが試験済になったから、受具後は重罪として取り扱わなくとも過失は起こさないとして、かく制定したものではなかろうかと思う。しかして不飲酒が、信者および専門僧の予備者達によって厳守せられているのに、師表たる専門僧が飲むなどとは、社会および環境が許さぬようにせしめたので、かくしたものではなかろうか。

(2)『正法念処経』に於ける飲酒観

仏教経典の上に地獄思想のあらわれて来るのは恐らく後代のようである。仏陀在世の時代には十分なる地獄の責罰《せきばつ》というような思想はあらわれていない。滅後遺弟《ゆいてい》の渇仰《かつごう》から次第に当来《とうらい》の導師弥勒慈尊《みろくじそん》の兜率上生《とそつじょうしょう》の思想や、阿弥陀《あみだ》の西方極楽往生の思想が、盛んに説かれ、一方には正義観や善悪業報に対する応償の思想が著しくなって来て、死後の責罰や、苦界輪廻の説明が経典の諸所《しょしょ》にあらわれて来た。この地獄思想を最も偉大なる文学的表現によって地獄界の凄惨なる光景を描き出したものが『正法念処経《しょうほうねんじょきょう》』である。実にキリスト教に於ける『神曲《しんきょく》』および『天路歴程《てんろれきてい》』にも比すべき仏教の作品である。なかんずく飲酒戒を犯したものは堕獄《だごく》して叫喚《きょうかん》地獄、大叫喚《だいきょうかん》地獄に入り、無量《むりょう》の苦患《くげん》を受く。実に凄惨なる叙述を以て描き出されている。堕獄する者を見るに、生前五戒を厳守する者を誑惑《おうわく》して酒功徳を説き、自らも飲酒した者が、身壊《みこわ》して命《みょう》終わり、悪処叫喚《あくしょきょうかん》、髪火《はっか》流る処に堕して大苦悩を受くることになっている。いわゆる雨火《うか》は降りそそいで堕獄人《だごくにん》を焦がすのである。地獄人《じごくにん》によって焼煮《しょうしゃ》せられ、頭髪は炎燃《えんねん》して脚足《きゃくそく》に及び、熱鉄狗《ねってつく》あってその足を瞰食《かんしょく》する。炎嘴鉄鷲《えんしてつじゅう》はその髑髏《しょくろ》を破って、その脳を飲み、熱鉄野干《ねってつやかん》はその身中に食う。かくの如く焼かれ且つ食われて行く。自ら蒔いた種を自ら刈るのであるが、悲苦号哭《ひくごうこく》して偈《げ》を説いて恨《うら》み傷《いた》む。閻羅人《えんらにん》に向かって云う。その対話は実に面白いものである。

「汝何ぞ悲心なき。また何ぞ寂静《じゃくじょう》ならざるや。我はこれ悲心の器、我において何ぞ悲しみ無からん」

答えて云う。

「汝は癡《ち》の為に覆わるる所、自ら多悪業《たあくごう》を作《な》す。今極重《ごくじゅう》の苦を受くるは、我この因《いん》を造るにあらず。癡人戒《ちにんかい》を学ばず、多悪業を作集《さしゅう》す。既に多悪業あり。今かくの如きの果《か》を得たり。これは汝の作る所にして、これは我が因縁にあらず。もし人悪業《ひとあくごう》を作せば、彼の業は則ちこの因。己は愛羂《あいけん》の為に誑《たぶらか》され、悪不善業《あくふぜんごう》を作し、今悪業報《あくごうほう》を受く。何の故に我を瞋恨《しんごん》するや。作さざれば殃《わざわい》を受けず。悪無因《あくむいん》と謂うにあらず。もし人《ひと》意《こころ》に悪を作せば、彼の人は則ち自ら受く。喜んで飲酒を楽しむことなかれ。酒は毒中の毒たり。常に喜んで飲酒を楽しまば、彼の人は正意《しょうい》にあらず。意動き法《いうごほう》は得《う》ることなし。故に応《まさ》に常に酒を捨つべし。酒は失中の失たり。これは智者の説く所。かくの如くなれば酒を楽しむことなかれ。自ら失し他をして失せしむ。常に喜んで飲酒を楽まば、悪法を愛せざるを得んや。かくの如くなれば悪と言うことを得ん。故に応に飲酒を捨つべし。財尽きては人中《にんちゅう》の鄙《ひ》たり。第一懈怠《げたい》の本《もと》なり。飲酒は則ち過《とが》有り。かくの如くなれば応に酒を捨つべし。酒は能く欲を熾然《しぜん》す。瞋心《しんじん》またかくの如し。癡もまた酒に因りて盛んなり。これ故に応に酒を捨つべし」

と答えている。地獄髪火流処《はっかりゅうしょ》に堕するは、地獄人の自業自得の所作である。酒は毒中の毒。失中の失と喝破している所は味うべきである。また云う。

酒は悪の根本なり。
笑って地獄に入《い》る。
酒に酔う人は、
死人に異ならず、
不死をねがう人は
酒をすてよ、
そは一切の悪の階《きざはし》

彼は因縁なくして歓《よろこ》び、
因縁なくして瞋《いか》り、
因縁なくして悪をなす、
世《よ》、出世《しゆっせ》の事を壊《やぶ》り
解脱を焼《や》くこと火の如きは
酒を第一法とす。
もし人酒をすて正しく法戒《ほうかい》を行わば
無死無生《むしむしよう》なる第一の処に到らん。
（『正法念処経』巻八）

人間の生活は自己の理性によって、その人格的責任を果す所に意義がある。因縁なくして歓び瞋る、正に良心の麻痺である。酒の為に爛《ただ》れて人間らしい心を失い、その本能の赴くままに、意馬心猿《いばしんえん》の跳梁《ちようりよう》にまかして行く、動物的生活は悲しいことである。飲んでは産を傾け、名を失い、家庭を苦しめ、泣かせ、延《ひ》いては触るる所あらゆる周囲の者に害毒を流す。酒の飲まるる所は人界《じんかい》の相は消えはてて地獄叫喚修羅の巷《ちまた》と化してしまう。実に無恥厚顔の輩の横行を目して叫喚地獄に堕すと説いたのは意味あることである。この中で説く閻羅人と罪人《ざいにん》の問答は、実に興味あるものである。獄卒は常に罪人に対して教うる人の態度を取って説法している。獄卒と罪人とは対者《たいしゃ》ではない。自業自得をあらわしているもので、罪人の自業が罪人を苦しめ、同時に教誨《きょうかい》している。自己良心の苛責《かしゃく》に訴えていることは甚だ面白い。この他にも数箇所酒害を具《つぶさ》に述べて、酒を捨つべきことを誡めている。酒の害毒が次第に深く感ぜられて来るに随い、その過失を数えるのも阿含の六失から、四分律の十失へと増加して来ている。阿含にないのが四分律の十過失においては、命終《みょうじゅ》して三悪道に堕すという如く、酒を飲んだものは堕獄の因となると、威誡《いかい》せられている。この経典の影響から『善悪所起経《ぜんあくしょききょう》』の三十六失も数えられるに至ったものではなかろうかと思う。その三十六失において云う。

死して地獄に入り、生を求むるを得ず、死を求むるを得ず、苦しむこと千万歳《せんまんざい》なり。

地獄より出で来り、人と生まれて、常に愚痴なり。世の愚痴の人を見るに皆これ故世において、酒を嗜めるの致す所なり。

と。酒は堕獄の因であり、輪廻転生せば必ず痴人に生まると、応報を説いている。

(3) ジャータカに於ける酒

ジャータカ、すなわち、本生譚《ほんしようたん》というのは、菩薩の前生を説いたもので、仏となるべき前生において、生まれ変り死にかわり、世々善業を修したことを明らかにしたものである。本生譚の説話、壺の話は酒を禁ぜしめることを説いた興味深いものであるから、ここに掲げて示すこととする。

菩薩は究極の覚りの位へ進みつつある間に、何遍となく色々の所へ生まれて来たが、終に再び神々の王である帝釈天となって天上に生まれたのである。今彼は欲する所のものは自由に得られ、天国においての総ての幸福や栄華は何でも思いのままに楽しむことが出来た。しかし彼の心は悩める者を救い、神々や人間を教え導くことにのみ専《もっぱ》らであった。

ある日のこと、帝釈天は人間を善き道へ誘うにはどうしたらば一番よいかということを確めたいと思うたので、慈悲の眼を下界に向け、広いインドの国を諸所方々見渡していた。その時ある国の王でサルバミトラという者がひよつと帝釈天の目に付いた。王の名は万人《まんにん》の友という名であって、彼はもともと非常に情け深いよい国王であったけれども、不謹慎の大臣や友達に誘惑された為、既に飲酒という習慣に染まっていた。王自身でこれを少しも悪いこととは考えずに、ますます堕落の淵へ沈んで行った。そのため人民まで見習い、終には飲酒の風が国中にひろがり、到る処に狂乱が演ぜられた。

帝釈天は心の中で、――飲酒ということは人を破滅に誘う悪い道である。初めの程は大変美しく平和であるように見えるけれども、終りは矢張り深い魔の淵をなしているのである。この邪道を追うて進むことが如何に罪深い行為であるかを、もともと善人であるこの国王に教え示すには、何んな方法に依ったらよかろうか。今彼の飲酒という悪い病気を癒すことが出来れば、人民もまた王の為すところに随い、やがては国中を脅かしつつある破滅の難を除き去られるであろうから、私は何んとしてもこの王の悪い習慣を矯《た》めなおしてやらねばならないと考えた――

そこで帝釈天はある日のこと、木の皮で作った着物を着、その上に鹿の皮を纏うてバラモンの姿となり、高く空中に現われ、そして王と王の酒飲み仲間の面前へ近づいて来た。丁度この時彼等は色々の種類の酒に就いてその価値を論議していたが、今空中に現われたバラモンを見て大いに驚いた。しかし彼の容貌は恐ろしげに見えたけれども、また自から慈悲の相を示していたので、王もその中間も座より起こって恭《うやうや》しく頭《こうべ》を下げた。多分彼等はこのバラモンを何かの神ででもあると思うたのであろう。

王をはじめ酒飲み連中の真中に立てるバラモンは、雷鳴を呼ぶ黒雲から豪雨が降り注ぐような大音声を張り上げて、

「嗚呼《ああ》王よ！　私はここに、咲き笑う花を以て飾った一つの壺にあるものを満たし、軽るやかの風に揺がされるかのようにぶらぶらさせているが。何んとそれは立派やかに見えるではないか。汝はこれを私から買い受けてはくれまいか」と叫んだ。

すると王はこの異様な姿をしている者が果たして何者であるか、またその左の腰からぶら下がっている壺の中には何んなものが這入っているかに就いて、限りなく好奇の心をそそられたので、彼は両手を合せ面を上げて、

「汝は光明に包まれた朝の太陽か、それとも優に美しい明月《めいげつ》ででもあるかのような姿をして、私等の面前に現われ、そして私等の心の内に深い尊敬の感じを起こさせること、さながら聖者にでも面している時のようである」

というた。

バラモンの姿をしている菩薩は、

「私の素性はいずれ後から話すことにするが、まず第一番に私はこの壺を汝に買い取ってもらいたいと思う。そして汝はこの壺に伴うところの今世と来世の苦悩をも併せて買い受けるだけの勇気があるならば、是非そうして欲しいのである」

と答えた。

王はこれを聞いて大いに驚いた様子に見えたが、やがて
「品物を売る場合にはよし欠点などがあっても、それを隠して、ただただ褒《ほ》めそやすのが世間普通のことであるにも拘らず、その壺を購うことは苦を招く原因となるなどと自白するところを思うと、疑いもなく汝はいわゆる再生族《さいせいぞく》の習慣に順って常に真理を説くバラモンの一人に違いあるまい。嗚呼真実の人よ。汝が果たしてそうならば、その壺の中には何があるのか、またその壺が汝に取ってどれだけの値打ちがあるものか、それを私に話して下さい」

と告げた。帝釈天はこれに対えて、

「この壺の中には神聖の水もなければ、美しい花から集めた密汁《みつじゅう》もない。さりとて牛酪がはいっているのでもなく、また晴れたる夜に睡蓮《すいれん》の眠りを醒ますかのような月の光と見まがう牛乳が入れてある訳でもない。ほんとうにこの中には強い有害の飲料が詰まっているのである。私は今汝のこの飲料の恐ろしい性質を説明しようと思う」

と答え、更に語を継いで、

「誰でもこの飲物を飲む人は自分の身と心とを制し抑える力を失い、まるで野獣の如くに振舞うに至るので、敵には嘲り笑われ、仲間にも疎んぜられるようになる。壺の中にある時には真に美しく光り輝いて見えるこの飲物はまた、男をでも女をでも乱心させる力を有っているが故に、平生内気の者でもこの壺から一口飲めば直に羞恥の心を失うのである。またこの飲物は友達を敵に変わらしめる魔力をも有《も》っているから、これを飲む時は友達でありながら、俄《にわ》かに怒り出して殺し合うようなことになる。また富み栄えている貴人の家庭へ破滅をもたらすものもこの飲物である。すなわちこれを飲めば舌の根締りを失いてあらぬことを喋り立て、手足はわななき震えて、視力も鈍くなり、心の働き狂い狂うて人々の侮りを受ける。老人ですらこれを嗜む時は心惑いて正しい道を踏み兼ねるようになる。一寸見れば黄金の色を有しているけれども、内には禍いの根が潜んでいるから、これを飲む人はまた妄語をば真実の言葉であるかのように平気で話し、悪い行いをも善いことのように行うて憚《はばか》らないのである。嗚呼王よ。心を狂わす原因であり罪を生む母であるこの酒をば買い取るがよい。そうすれば汝は将来のことや、福徳を享け得るか得ないかなどに就いては、少しも頓着しないで欲するがままの行いを為すことが出来るであろう。酒と呼ぶこの飲み物は人間の徳性を奪い、これを常に飲む習慣に囚われた人はあたかも野獣に等しい行いを為し、飢えに悩む餓鬼の如き振舞いを敢えてするものである。かような人々は初めの間こそ平かの広い道を歩んでいるような心地がしても、最後には破滅の淵に通ずる恐ろしい道を辿っていたことに気がつくであろう。嗚呼王よ、一口に言うと何んな徳性でも酒を嗜むことに依って破られないものはないのであろう。こんなに精《くわ》しい説明を聞いても、なお汝は一切の幸福を破るところのこの忌わしい酒を飲み続けるつもりであるか？」と説き聞かせた。

王はあたかも父が息子を訓え聖者が弟子を諭すが如くに、諄々《じゅんじゅん》と説き出す帝釈天の言葉に深く感銘し、遂に心の眼を開いて罪を生み出すこの飲物を用いることから来る恐るべき色々の結果を充分に見定めたのである。

そこで王はその場において直に飲酒の欲を絶って帝釈天の前にひれ伏し「汝はさながら私の父ででもあるかのように親切に諭してくれた。道理ある汝の言葉に依って考うるに、汝は確かに大なる智慧と勝れた徳性とを備えているに違いない。私は今汝に敬意を表し、施し物を献じたいと思うが幸いにこれを受けられよ、嗚呼わが思師よ。私は五ケ村の善き村と一百の奴隷と五百の牝牛と十輌の兵車と、それを輓《ひ》くべき上等の馬とを今の親切の言葉に報いる為めに献じたいと思うが、それとも何にか外のものを御望みならば、もちろん御意のままに取り計らいますが」

と申しのべた。帝釈天はこれに対して、

「私は村も奴隷も牝牛も兵車も欲しくはない。私は神々の王たる帝釈天であるから、そんなものは既に有っているのである。汝は先刻私の言葉を賢い言葉だというたが、賢い言葉を語る者は、その言葉を常に敬意を以て聞かれ、また実行されることを大いに喜ぶものである。嗚呼善い心を有っている王よ。汝はほんとうに飲酒の悪習慣を棄てよ。そうすれば自ら正しい道を歩み、汝の人民をも覚りの道へ誘うことが出来るであろう」

と答えた。

帝釈天はこう話し終わった時にいずこともなく姿を消して仕舞った。王は彼の言葉を深く肝に銘じていた飲酒の欲が動いて来ると直にそれを押し鎮めていたから、人民とても矢張り王を見習うて倹約を旨とし、不自由に甘んずるようになった。それ故国中の様子はその日からして全く一変したのである。

汝等もまた飲酒という悪い習慣に傾いているならば、帝釈天としての菩薩がサルバミトラ王に対い、飲酒は総ての罪悪の母であると説いたあの言葉に注意を払わねばならない。

――私は酒を飲まない――とは真に人の心に刻んで置くべき警《いまし》めの言葉である。（『ジャータカ物語』二二二……二三〇）

㈢　大乗仏教と酒

部派仏教は形式的に見る限り、大いに整備している。その所依の経典も定まりその教義学的解釈も一定し、緻密な教団規定も完備した。しかしこの中では活々した原始仏教の精神が固形化している傾きがある。学問的には整備したけれども、宗教的教化においては、はるかに民心一般を離れるに至った。かくて伝統仏教の正統派がようやく形式化して、全く行きづまりを生じた時に、この固形化の殻を破り、仏陀の精神を時代に応じて、復古せんとしたものが大乗運動である。この派の源流とも見らるべきものは既に原始教団の中にあったものと見てよい。第一結集の時に迦葉《かしょう》一派の正統派が、仏陀の在世の教戒を尽く無批判的に結集したに対し、富楼那《ふるな》が開遮持犯《かいしゃじほん》を説いた自由的態度は、やがて大乗運動への開展の源流と見られる。正統派が仏説の依文解義《えもんげぎ》の諍論《そうろん》に終始する時に、直接仏陀の真精神を把握せんとし、仏陀の人格に対する思慕から出た創作品とも見らるべきものは、菩薩思想である。菩薩思想の目的が上求菩提《じょうぐぼだい》、下化衆生《げげしゅじょう》にあったことは、自らの為と同時に社会に働きかけるという所にあって、従来の部派がただ消極的に自己中心にあった無活動主義に反対して立ったわけである。本生譚はその中に中心人格としてあらわれる菩薩が、上求菩提、下化衆生の為に努力する物語を述べている。要するに専門僧侶から一般在俗へ、個人的修道から社会活動へと消極的仏教を活動仏教へ転向せしめたものが大乗運動である。

(1)『楞伽経』に於ける飲酒観

大乗運動に伴う経典の創作と共に、菩薩慈悲の精神を高調《こうちょう》するに至って、小乗が三種の浄肉《じょうにく》を許せるに反し、一切《いっさい》菩《ぼ》薩《さつ》噉肉《かんにく》を断つべしと禁誡した。これに随伴《ずいはん》して、いたく酒を禁じ来たったようである。この酒肉を訶責《かしゃく》した代表的経典は『楞伽経《りょうがきょう》』である。

『楞伽経』の断酒肉《だんしゅにく》強調の前駆とも見らるべきものに、『大乗涅槃経《だいじょうねはんきょう》』がある。

「酒は不善諸悪の根本なり、もし能くこれを除断せば、すなわち衆の罪を遠ざく」

また曰く

もし常に愁苦《しゅうく》すれば愁《うれ》い遂《つい》に増長す。人喜びて眠れば眠り則《すなわ》ち滋《ますます》多きが如く、貪淫《どんいん》

嗜酒《ししゅ》もまたかくの如し（国訳大蔵経『涅槃経』梵行品五四七）

と酒に論及している。諸所に食肉を禁じ、一切肉を食《じき》するは我子を食する思いをなせとまで誡めている。『楞伽経』は

一切衆生は悉く曾《かっ》て親属《しんぞく》たり。一切の肉は衆穢《しゅえ》の成長する所なり。

また肉を食う者は諸《もろもろ》の含生《がんしょう》をして恐怖せしむ。この故に応に一切の肉と葱《ねぎ》と韮《に》蒜《ら》と及び酒とはこれを飲食《おんじき》すべからず。（国訳大蔵経『大乗入楞伽経』断食肉品）

とまた、

もし一切みな酒肉等を断食せずんば、必ず賢聖《けんしょう》の中に生じて、財豊にして智慧具《そな》わらん。（同上）

と言っている。食肉《じきにく》およびそれに伴う一切の葱韮蒜《そうかいさん》は臭穢《しゅうえ》不浄《ふじょう》であるばかりでなく、修道《しゅどう》の障りとなるからである。酒もまた同様善業《ぜんごう》を損し、諸過《しょか》を生ずることは食肉よりも一層聖道《しょうどう》を障《さ》えるものであるが故に、一切の酒飲むべからずとした。『楞伽経』が酒と共に断

食肉を高調したことは、菩薩慈悲の精神と輪廻転生の思想とから、小乗戒が思わず教えず求めざる三種の浄肉を許せるに断然反対したに由るものである。これから葷酒《くんしゅ》或いは酒肉《しゅにく》といい、葷類《くんるい》は酒と同位に進められ、戒律の記述如何にかかわらず、最も重大なる意義を持つに至ったのである。殊に『楞伽経』が禅門に深い関係を持ったのは、禅門初祖達磨大師が四巻楞伽を心要《しんよう》となすと云われたことによって、葷酒は極めて重要視せられ、やがて「不許葷酒入山門《ふきよくんしゅにゅうさんもん》」の禁牌石《きんぱいせき》が立てられるに至った原由《げんゆう》であろうと思われる。『楞伽経』の酒肉厳禁の思想が教界に与えた影響は甚だ大なるものがある。

(2)『大智度論』の飲酒観

仏滅後五世紀の頃出世して、大乗運動を大成した者は龍樹《りゅうじゅ》である。龍樹の飲酒観は大乗仏教のエンサイクロペディアともいうべき『大智度論《だいちどろん》』の中に詳細なる記述がある。その害毒を説いて飲酒の三十五失を挙げていることは有名なことである。酒の種類を分かって三種としている。

（一）穀酒

（二）果酒——葡萄、阿梨咤樹果《ありだじゅか》で醸す

（三）薬草酒——薬草を米《べい》、麴《きく》、甘庶汁《かんしょじゅう》に合和《ごうわ》。蹄畜乳酒《たいちくにゅうしゅ》——一切の乳熱すれば酒となる。

人をして心動き放逸ならしむるものが酒である。故に一切飲まざるべし。上戸が問うて曰く、

酒は能《よ》く冷《れい》を破り、身を益《やく》し、心をして歓喜せしむ。何を以ての故に飲まざるや。

答えて曰く、

身を益すること甚だ少なくして、損する所甚だ多し。この故に飲むべからず。譬えば美飲のその中に毒を雑《まじ》うるが如し。これ何等の毒なるか。

仏の難提迦優婆塞《なんだいかうばそく》に語りたまうが如くんば酒に三十五の失あり。

と次に三十五失を列挙している。

一、現在世《げんざいせ》に財物虚《むな》しく竭《つ》く。何となれば人酒を飲んで酔えば、心に節限なく、用を費すこと度《ど》なきを以てなり。

二、衆病《しゅうびょう》の門《もん》なり。

三、闘諍《とうじょう》の本《もと》なり。

四、裸露《らろ》にして恥《はじ》なし。

五、醜名悪声《しゅうみょうあくしょう》にして人の敬わざる所なり。

六、智慧を覆い没《ぼっ》す。

七、応《まさ》に得《え》らるべき物を得ず、すでに得《う》る所の物を散失す。

八、伏匿《ふくとく》の事を尽《ことごと》く人に向かって説く。

九、種々の事業《じごう》廃して成弁《じょうべん》せず。

十、酔いは愁いの本《もと》と為る。何となれば酔いの中には失すること多く、醒《さ》め已《おわ》って慚《ざん》愧《ぎ》憂《う》愁《しゅう》すればなり。

一一、身力《しんりき》転《うた》た少なし。

一二、身色《しんしき》壊《やぶ》る。

一三、父を敬うことを知らず。

一四、母を敬うことを知らず。

一五、沙門《しゃもん》を敬わず。

一六、婆羅門《ばらもん》を敬わず。

一七、伯叔《はくしゅく》及び尊長《そんちょう》を敬わず、何となれば酔悶恍惚《すいもんこうこつ》として別かつ所なきを以てなり。

一八、仏を尊敬せず。

一九、法を敬わず。

二〇、僧を敬わず。

二一、悪人と朋党《ほうとう》す。

二二、賢善《けんぜん》を疎遠す。

二三、破戒の人と作《な》る。

二四、無慚無愧《むざんむぎ》なり。

二五、六情《ろくじょう》を守らず。

二六、色《しき》を縦《ほしい》ままにして放逸《ほういつ》なり。

二七、人の憎悪《ぞうお》する所にして、これを見ることを喜ばず。

二八、貴重《きじゅう》の親属及び諸の智識の共に擯棄《ひんき》する所なり。

二九、不善法《ふぜんほう》を行《ぎょう》ず。

三〇、善法《ぜんほう》を棄捨《きしゃ》す。

三一、明人《みようにん》、智士《ちし》の信ぜざる所なり。何となれば酒は放逸なるを以てなり

三二、涅槃を遠離《おんり》す。

三三、狂癡《おうち》の因縁を種《う》う。
三四、身壊《みやぶ》れ、命終《いのちお》わって、悪道泥犂《あくどうないり》の中に堕《お》つ。
三五、もし人と為ることを得ては所生《しょしょう》の処、常に当《まさ》に狂騃《おうがい》なるべし。
かくの如き等の種々の過失あり。この故に飲まず。
更に偈《げ》を説いて
酒は覚知《かくち》の相を失う。身色濁《しんしきにご》って悪《あ》しく、智心《ちしん》動じて乱る。慚愧《ざんぎ》すでに劫《おびや》かされ、念を失《しっ》して瞋心《しんじん》を増し、観《かん》を失して宗族《しゅうぞく》を毀《やぶ》る。かくの如きを飲《おん》と名づくといえども、実に飲は死毒たり。瞋《いか》るべからずして瞋り、笑うべからずして笑い、哭《こく》すべからずして哭し、打つべからずして打ち、語るべからずして語り、狂人と異なる無く、諸の善《ぜん》功徳《くどく》を奪う。愧《はじ》を知る者は飲まず。（国訳大蔵経・論『大智度論』十三）
とある。飲酒の害悪を指摘して余蘊《ようん》なしというべきである。常に狂癡《おうち》の因縁として、酒害が子々孫々に及ぶことを力説している。これは輪廻転生、因果、応報の思想によっていうたものであるが、酒が遺伝の上に悪影響あることは今日の科学の証明する所である。身心二つながら害ね、殊に精神主義、人格主義の仏教において、無愧《むぎ》は最も誡《いまし》むる所である。人間良心の麻酔を来たさせ諸善功徳を失わしめることとなる。正見《しょうけん》の仏法には断じて酒を禁ずる所以である。

(3)　梵網の不酤酒戒

以上は大乗の経論に於ける飲酒観を述べて来たが、従上の不飲酒戒より進一歩《しんいっぽ》して、個人的より社会的に拡充し、大乗菩薩利他《りた》の大精神を以て、飲酒よりもその根源酤酒《こしゅ》を禁ずることを丁重禁戒の一戒に加えたものが『梵網経《ぼんもうきょう》』である。梵網の思想のよって来る所は涅槃楞伽《ねはんりょうが》にあるのであろう。これらが酒肉を厳禁したことは前に述べた如くであり、戒相《かいそう》も声聞戒《しょうもんかい》に対し大乗戒を立てているが、未だ漠然たるものであった。『梵網経』は大乗菩薩心地《しんち》の戒法として、十重禁戒《じゅうきんかい》四十八軽戒《きょうかい》を立て、戒相《かいそう》を明らかにしている。飲酒《いんしゅ》について云えば、酤酒戒《こしゅかい》は十重禁戒とし、飲酒戒《おんじゅかい》は四十八軽戒の一として定められている。

不酤酒戒《ふこしゅかい》の文を挙げれば、

若《なんじ》、仏子《ぶっし》、自ら酤酒《こしゅ》し、人を教えて酤酒せしめば、酤酒の因、酤酒の縁、酤酒の法、酤酒の業あり。一切の酒は酤《う》ることを得ざれ、これ酒は罪を起こす因縁なり。しかも菩薩は応《ま》さに一切衆生の明達《みょうたつ》の慧《え》を生ぜしむべし。しかもかえって更に一切衆生の転倒の心を生ぜしめば、これ菩薩の波羅夷罪《はらいざい》なり。

大乗菩薩の行願《ぎょうがん》が個人よりも利他、すなわち社会的に推し及ぼすものであるから、飲酒の根本を断つことによって初めて害毒からまぬかれる。酤《う》る者がなければ飲むことが出来ない。無酒の国土建設が菩薩行願《ぎょうがん》であったものといえよう。されば酤酒罪は菩薩の波羅夷罪として、重視するのである。今波羅夷罪について比丘戒と菩薩戒とを比較すれば、

比丘波羅夷　　菩薩波羅夷

一、婬《いん》
二、盗《とう》
三、殺人
四、大妄語《だいもうご》

三、婬
二、盗
一、殺人
四、妄語
五、酤酒
六、説四衆過《せつししゅうか》
七、自讃毀他《じさんきた》
八、慳惜加毀《けんじゃくかき》
九、瞋心不受悔《しんじんふじゅけ》
十、謗三宝《ぼうさんぽう》

右によってその徳目を見るも、はるかに大乗戒が利他に重きを置いていることが知られよう。殊に社会から酒を無くしようとする為に、不酤酒戒を入れていることは実に意味深

長といわねばならない。不飲酒戒についてみるに、

若《なんじ》、仏子、故《ことさ》らに酒を飲まんか、しかも酒は過失を生ずること無量なり。もし自身手ずから酒器を過《わた》して人に与えて酒を飲ましむるものすら、五百世《せい》手無し、如何に況んや自ら飲むをや。また一切の人を教えて飲ましめ、及び一切衆生に酒を飲ましむることを得ざれ。況んや自ら酒を飲むをや。一切の酒は飲むことを得ざれ。もし故らに飲み、人を教えて飲ましめば、軽垢罪《きょうくざい》を犯す。

と厳誡を下している。酒が人をして昏迷愚痴《こんめいぐち》ならしめるが如く、輪廻転生し来たっては五百世手なき畜生に生まれる。人をして飲ませることにおいてすら然りである。自ら飲酒する、やがて恐るべき結果を来すものである。実に禍《わざわい》一世《せ》に止るべきでない。生々世々《しょうじょうぜぜ》流転の苦《く》を受けねばならぬというのが、仏教の飲酒観《おんじゅかん》である。

飲酒について戒相よりみれば、比丘においては個人的の飲酒戒より社会的の不酤酒戒にまで進められた。酒害について云えば、六失より十失となり、三十五失、三十六失まで詳

悉に数えあげられるに至ったものである。個人の現世に禍毒《かどく》を残すとせられたのが三世を通じて永遠の禍母《かぼ》と断定せられ、死しては地獄に堕し、生まれれば狂癡《おうち》となるか更に進んで畜生身《ちくしょうしん》を受けるとまで極言せられるに至ったものである。以上が飲酒観の開展《かいてん》の大様《たいよう》である。仏教がいわゆるの酒は決して単一なるものではなく、その詳細を悉《つ》くせる害悪と絶対に排酒禁酒を基調として、その根本教説を立てていることは他のいずれの宗教かこれに及ぶものがあろう。真実の禁酒教であることは多く天啓の宗教が酒と随伴するに反して、全然自覚の宗教としてその特色を具えていることによっても知り得る。真に酒を飲まぬ宗教は仏教である。

最後に記述せねばならぬことは、この仏教が如何ばかり信奉せられ、その不飲酒ということが如何に実行せられたかということである。上下二千五百年、全アジアの光として一時仏教が精神文化をアジア諸民族の上に、風靡《ふうび》せしめたことは歴史の物語る所である。興亡変遷、今日は衰微《すいび》しているけれども、なおその中にも不飲酒の精神を厳守しているものがある。小乗仏教の形式を踏襲した、セイロン、ビルマ、シャムの南方仏教が、酒に就いてはなかなか厳守していることである。シャムは仏教を国教とする世界唯一の国である。世界唯一の宗教的禁酒国として仏教主義による禁酒の国風は実に推称《すいしょう》すべきである。ここに今日なお仏陀の本懐《ほんかい》を留めていることは欣快《きんかい》にたえない。

(4) インド奉仏諸王の禁酒政治

以上インド仏教に於ける経典を中心として、不飲酒戒の開展を考察して来たが、それが教理教説に止まるならば何等の教化能力を有たないものと言わねばならぬ。古来インドの歴史は古記録が少なく、朦朧たる所多きを以て有名である。さればこれを窺うべき資料は乏しいのであるが、その少なき中において、奉仏諸王が排酒政策を実践して、転輪聖王《てんりんじょうおう》の理想政治を実現せんと努めたことはすこぶる興味ある事実である。

西紀前三百三年より中インド摩掲陀《マカダ》国の華氏城《かし》に駐剳《ちゅうさつ》を命ぜられて当時のインドの政治経済刑法等について、詳細なる記録を伝えているシリア国王の使節メガステネスMegasthenesの記録は、実にインドを知る究竟の資料である。彼は孔雀《くじゃく》王朝の初祖旃陀羅笈多《チャンドラグプタ》Chandragupta王の時に駐在していたもので、なかんずく興味あるものは、刑法において、飲酒が厳制せられていたことを載せていることである。バラモンで飲酒に耽るものは厳刑に処せられ、居酒屋は村落では禁ぜられ、都市ではその数が制限され、且つ厳重なる監視が行われた。（橋本［増吉］『東洋史講座』巻二）この後旃《チャン》王の孫に阿育《アショカ》大王が出ずるに及んで、全インドを平定して一大統一国家を作り、仏教に帰依してその保護と宣伝につとめ、天晴《あっぱ》れ転輪聖王の理想政治をこの土に実現した。遠く各地に正法大官《しょうほうたいかん》を派遣して仏教精神を宣伝し、慈善博愛の事業を行い、殊に道徳の実行を奨励している。官民合同の集会たる無遮会《むしゃえ》を設け、沙門バラモンの尊敬、布施、供養、生物生命の尊重、奢侈、暴言、憤怒、激慢《げきまん》、過誤等の諸悪を避け、父母、師長、老人を敬い、親戚、朋友《ほうゆう》、知己《ちき》と親睦《しんぼく》にし、病者、幼弱《ようじゃく》を憐愛《れんあい》し、奴婢《ぬひ》を愛愍《あいみん》する等の諸善を奨励すべしと命じている。酒に関しての記録は見られないが、前代に於ける政治にすこぶる排酒政策を実行していたに鑑みても、正法王国の中では厳に取締られていたことと思う。これは仏滅後二百余年の事である。

阿育王を去ること三百年にして、インドの北半部よりアフガニスタン、中央アジアを領有する一大帝国を作った、迦膩色迦王《カニシカ》も、阿育王に劣らない仏教の保護者であり、国内に善政を布いて篤く仏教に帰依した。ここに仏教東漸の勢はいよいよ盛んとなり、遥に我が国にまで伝弘《でんこう》せらるることとなったのである。西暦四世紀、中インド摩掲陀《マガタ》国華氏《かし》城を中心として笈多《グプタ》(Gupta)王朝が成立し、仏教保護宣伝につとめ、国内善政を布いて、宗教、学術、文芸等も顕著なる発達を遂げ、阿育王の治下に劣らざる理想政治を施した。彼の東晋《とうしん》の安帝《あんてい》隆安《りゅうあん》三年(西紀三九九)に長安を出発して、入竺求法《にゅうじくぐほう》の目的を達した法顕《ほっけん》のインドに入ったのは、あたかも笈多王朝の極盛期である月護《げつご》二世の治下であった。法顕は、インドに滞在すること六年間、梵語を学び、経典を蒐集し、仏教を研究した。国を出てより十五年にして帰国し、その旅行記は有名である。法顕伝によるに、国内所々に施療病院たる福徳《ふくとく》医薬舎《いやくしゃ》を設けて、貧窮孤独等一切の病者悉く此処に来たって癒ゆれば自由に去ることが出来る。殊に中国は気候温和で、霜雪《そうせつ》の害がなく、人民は殷盛《いんせい》で、不逞《ふてい》の徒なく、刑罰は多く罰金にして如何なる重罪犯も斬罪に処することなく、国民は悉く五戒を持って殺生せず、飲酒せず肉食せず、都市には屠殺場なく、酒肉を販売する店なしと云って、当時の善政を称讃している実に笈多王朝はインド文明の最高潮期であり、仏教もまた当代甚だ盛んなるものであった。

要するに仏教の理想君主である転輪王の政治には、必ずその政策の中に酒を取り去るということが考えられていたものという事が想像せられる。史実をたどることの困難なインド史の上に、仏陀排酒の精神が仏教帰依の諸王によって実現せられたことは欣快《きんかい》の至である。

大乗仏教を伝えた支那仏教において如何に実践せられたかということも、研究すべき好題目であるが、今手元に資料を得ざるを怨《うらみ》とす。時には飲酒の破戒も出たであろうが、概して酒に対しては寛容ではなかったであろうと思う。日本仏教が支那仏教を受け入れる時、必ず酒は問題とされて来ている。今日の支那の居士《こじ》仏教《ぶっきょう》すら、極めて真面目に酒を考えている。この点より推察して、支那仏教においては飲酒戒は守られたものと云えよう。これは後日の研究にゆずることとする。

四　日本仏教不飲酒戒の変遷

仏陀は酒を禁じ、全然無酒宗教を開創せられた。この仏教の宗教的特色はインドより支那に伝わっても、ビルマ、シャム、セイロン等に入っても、今日に至るまで永く仏陀の禁制として仏教徒の間に守られて来た。しかるに、独り日本仏教はこの禁制を緩漫にし、酒を飲むことを不思議とせざるまでに迷夢に入ってしまった。酒を飲む日本仏教を目《もく》して、真実の仏教にあらずと、泰西仏教研究者に疑問を懐かしめるまでに至っている。かく仏教本来の宗教的特色が歪曲せしめられた原由は何辺に存するであろうか、ここに、上下一千三百年を通じて日本仏教の飲酒観の変遷について略述し、その由って来る所を検討し、これを明らかにしようと思う。

(一)　古代の飲酒観

日本仏教の不飲酒戒を考察するに先だち、古代我が国民族の抱いていた飲酒観について述べなければならぬ。我が国に於ける酒の起源はすこぶる古いもので、明らかに時代を確定することは出来ないが、神話によって見るに、既に古代の神々によって用いられたことがわかる。須佐之男命《すさのおのみこと》が出雲国《いずものくに》で八岐大蛇《やまたのおろち》を退治せられた時に、八醞《やしおり》の酒を醸造した。「汝《いまし》衆《もろもろの》菓《このみ》以《も》て酒《さけ》八甕《やかわら》を醸《か》むべし」（『日本書紀』巻一）とあるが、これは果物から造った酒である。また米で醸《かも》した酒も書紀にある「時に神吾田鹿葦津姫《かみあたかあしつひめ》卜定田《うらへた》を以て号《なづ》けて狭名田《さなだ》と曰う、その田の稲を以て天甜酒《あまのたむさけ》を醸《か》みて嘗《にわな》いす」と（『日本書紀』巻二）ある。これは米酒《べいしゅ》のことである。かくの如く酒の起源は古いものであることがわかる。当時は原始時代の酒であるから、今日見る如き強烈なアルコール分を含有しているとも考えられないが、しかもこの弱い酒ですら、民族闘争には恐るべき潜勢力を示して、酒に溺れた民族は尽く亡んでいる。神代《じんだい》史上民族の興亡は一に酒を中心として決定せられているといってもいい。

我が国神代史を通じての大事件は、天孫民族と出雲民族との対立である。この対立抗争が神代史を飾り、遂に天孫民族の勝利となり、今日まで永久の発展を続け来たっている。この皇基《こうき》の宏漠《こうぼ》において我らの祖先は、酒を如何に考え取り扱ったであろうか。ここに十分なる考察と検討を要する。我らの国祖《こくそ》は天照大神《あまてらすおおみかみ》にあらせられる。須佐之男命《すさのおのみこと》は酒乱によって乱暴狼藉を極められた。大神《おおがみ》の許にあって、大神の「営田《みつくだ》の畔《あ》離《はな》ち溝《みぞ》埋《う》め、またその大嘗食《おおにえきこ》し召《め》す殿《との》に糞《くそ》まり散《ち》らし」等々、なお悪事を止めずして、「大神《おおかみ》の忌服屋《いみはたや》に坐《ま》しまして、神御衣《かむみそ》織らしめ給う時に、その服屋《はたや》の頂《むね》を穿《うが》ちて、天斑馬《あめのぶちこま》を逆剝《さかはぎ》に剝《は》ぎて、堕《おと》し入るる時に、天御衣織女《あめのみそおりめ》、見驚きて梭《ひ》に陰土《ほと》を衝《つ》きて死せにき」とある。この罪を犯された原因は実に酒にある。大祓《おおはらい》の祝詞《のりと》には「畔放《あはなち》、溝埋《みぞうめ》、樋放《ひはなち》、頻蒔《しきまき》、串刺《くしざし》、生剝《いきはぎ》、逆剝《さかはぎ》、屎戸《くそへ》、許許太久《ここだく》の罪を天津罪《あまつつみ》と法《の》り別けて」とあるが、この天津罪を作ったものは須佐之男命である。この天津罪を要約すれば、農作物に妨害を与えた罪、大嘗《おおにえ》の神殿を汚した罪、農業に使用する獣を虐殺した罪の三種となる。（次田〔潤〕『古事記新講』）ここに大祓の起源がある。かくて天照大神は須佐之男命の無状《ぶじょう》に堪えかねて天岩戸に姿を隠れましたので、遂に天地は闇黒となり、高天原は中心を失うに至った。八百万神の会合協議となり、大神再び出現ましまし須佐之男命は放逐せられることになって一段落をつげている。ついで天孫降臨となって皇孫《こうそん》瓊々杵尊《ににぎのみこと》がこの土《ど》に降《くだ》られ、笠沙《かささ》の浜にいまして、「朝日の直刺《ひたさ》す国、夕日の日照《ひて》る国なり、かれこの地ぞいとよき地」と詔《の》り給いて、宮《みや》を作って住まわれた。そこに国神大山津見《くにつかみおおやまつみ》の神《かみ》の女《むすめ》、木花咲耶姫《このはなさくやひめ》を嫁《めと》られて妃とせられた。姉妹共に嫁ぐ風習であったが、尊《みこと》は姉姫《あねひめ》の醜女《しこめ》であったのを嫌われたにもよるであろうが、とにかく木花咲耶姫一人を留められて、一夫一婦の制度を立てられたことは、天孫民族の進んだ道徳を示すものといってもいい。ここに火闌降命《ほのすそりのみこと》、彦火火出見尊《ひこほほでみのみこと》が生まれましている。この喜びを祝う為に、神吾田鹿葦津姫《かみあたかあしつひめ》すなわち木花咲耶姫卜定田《うらへた》を以て名けて狭名田《さなだ》といい、その稲で天甘酒《あまのたむさけ》を醸みされている。これは皇孫に食召《きこしめ》す料として米で作られた酒である。しかもこの酒は忌部《いむべ》正通《まさみち》の書紀の古註である『神代巻口訣《しんだいのまきくけつ》』には、天甘酒は醴酒《れいしゅ》なりすなわち甘酒と云っているが、更にこのことは片山博士の研究によって一層明らかにせられた。

日向国《ひゅうがのくに》妻駅《つまえき》にある妻神社は地神《ちじん》時代の国母《こくぼ》にまします木花咲耶姫を奉祀《ほうし》したものである。その夫に当《あた》らせられる天孫瓊々杵尊を奉祀したものに三宅神社が妻神社の近くにある。この両社とも昔から神前に清酒を供えないで、甘酒をその代わりに供えて居る。多くの神社の神酒がアルコール分を含んだもののみに変更せられる中に、ただ一つこの事実を見ることは実に興味あることである。この事実は、

豊葦原《とよあしはら》の千五百秋《ちいほあき》の瑞穂国《みずほのくに》は、是吾子孫《これわがみこ》の王《きみ》たるべき地《くに》なり、宜《よろ》しく爾皇孫《いましすめみま》就《ゆ》いて治《しら》せ、行矣《さきく》、宝祚《あまつひつぎ》の隆《さか》えまさんこと、天壌《あめつち》と窮《きわま》り無《な》かるべし。

とある。永世不朽《えいせいふきゅう》の神勅《しんちょく》を奉じ給うた皇祖の大御心《おおみこころ》の実践を表現し、天孫民族永遠の発展を考慮して、酒害から免れしめんとせられた宏謨《こうぼ》を偲《しの》び奉《たてまつ》ることが出来る。天孫民族の飲

酒観は右の如く徹底した排酒主義によったものであったと考えられる。これによってみれば神酒は甘酒を以てするこそ、神意に叶うものではなかろうか。ここに神酒《みき》問題は容易に解決が出来ると思う。

以上天孫民族の飲酒観を眺めて来た。これと対立した出雲民族のそれは如何であったか。須佐之男命が出雲に放逐せられて酒を以て八岐大蛇を退治し、やがてその地に土着して稲《いな》田《だ》姫《ひめ》をめとり大国主神等の御子産まれ、子孫繁昌した。大国主神は出雲民族の主神として、山陰、北陸等大なる勢力を張っていたものである。両民族の対立抗争は長く続けられたが結局お国譲りによって、天孫民族の軍門に降伏している。蓋し大国主神は海内《かいだい》医薬《いやく》の鼻祖《びそ》で酒の神である。大国主神の幸魂《さきみたま》奇魂《くしみたま》は大三輪神《おおみわじん》として、大和国に鎮まりましている。また大国主神の御子で酒神として名高い大山咋神《おおやまくいのかみ》は、比叡山にまして、山城の松尾神《まつおのじん》と同体である。更に国土経営を共にせられた少名彦名神《すくなひこなのかみ》も醸酒の神である。かく大国主神を中心とした神々は、酒には極めて密接な関係が作られている。出雲系民族には酒神が活躍せられた。随って閨門《けいもん》の神聖を保ち難い事実となってあらわれている。ギリシャのバッカス酒神の活動と大国主神とは一脈類似した所があるように思われる。酒に酔う者が、一人の我妻《わがつま》に満足を感じないで諸所に漁色《ぎょしょく》する浅ましい光景は、今も昔もアルコールの麻酔が同じ様に変りはないのであろう。美しい女を求めて方々を尋ね歩かれた大国主命の多情を、大妃《おおきさき》須勢理毘売命《すせりひめのみこと》は非常に嫉妬して、これが為に常に泣かされている物語は同情せざるを得ない。

「八千矛神《やちほこがみ》なる大国主命よ。あなたは男でいらっしゃるから、妻問《つまとい》にお出掛けになる。津々浦々に、御心に叶った妻をお持ちになる事も出来ましょう。しかし妾《わらわ》は女の事でありますから、あなたを置いて他に夫とする人はありません。どうか他所へお出でにならないで、しなやかな綾《あや》の帳《とばり》の中で軟《やわら》かい……さあさあ御機嫌直しにこの御酒《ごしゅ》を召し上れ」

という言葉は大妃の心中の煩悶《はんもん》をよく表現し、浮かれ男の心をつなぎ留めようとする苦心の程も偲ばれる。

およそ閨門の神聖なく、酒に沈湎したものは、そこに滅亡が萌している。出雲民族の降伏は決して天孫民族の為に国を譲ったものではなかろう。既に内部的崩壊が萌していたものではあるまいか。

ここに両民族の代表として皇祖瓊々杵尊と大国主神とを比較対照して見た。酒と女、酒と道徳、酒と民族、いずれが是か否か、明瞭なる判断が下される。我らの皇祖は酒から離れられた。そして一夫一婦閨門の神聖を保たれた。ここによりよき子孫を産み出すことになって今日の隆盛を来したのである。天孫民族発展の因由は実に酒から離れることにあった。以後の日本歴史に動く民族の滅亡は必ず酒である。熊襲《くまそ》も亡んだ〔日本尊が熊襲征伐の際に酒宴を用いたことから類推か〕、アイヌも亡んだ〔滅んではいない。儀式以外で日常的に酒をあまり用いなかったアイヌの間に、近代以降に深刻なアルコール依存が広がったことからか〕。アルコールの害毒の為であった。この歴史の事実は明らかに吾等に物語っている。

我が天孫民族の祖宗《そそう》は離酒の精神であったが、他民族の征服、朝鮮、支那民族の移住等雑然としてより再び酒が勢いを生ずるに至り、人と酒、神と酒は密着して、祭祀には酒を神に供えるは必須欠くべからざるものとなってしまった。いずれにせよ、宗教的祭祀は、太古人《たいこじん》の自然的素朴的観念から自然の脅威を神霊の力を仰いで救われんとしたのによる。そこに宗教的祭祀が行われて、神人交渉の為に、神籬《ひもろぎ》、盤境《いわさか》、進んでは社《やしろ》という如き設備をして、神霊を招き、その威力を頼った。祭擅には衣服、器具、飲食物を供物として捧げ、歌舞音楽を奏して祈念した。この神前会食には大いに酒を飲み、大いに歌い、連日連夜宴楽したのである。酒宴の無邪気な歌謡、酒興溢るる歓喜の歌が少なくない。中にも有名なものとして、神功皇后《じんぐうこうごう》が誉田皇子《ほむたのみこ》をして、越前角賀《えちぜんつぬが》の気比《けび》の宮《みや》に礼拝せしめ給い、その留守中に待酒《まちざけ》を醸《か》みして、皇子に献られた歌に、

この御酒《みき》は、吾が御酒ならず、酒《くし》の上、

常世《とこよ》にいます、石立《いわた》たす、少名御神《すくなみかみ》の
神寿《かむほぎ》、寿狂《ほぎくる》おし、豊寿《とよほぎ》、寿廻《ほぎみとお》し、
献《まつ》り来《き》し、御酒ぞ、澚《あさ》ずをせ、ささ、

かく歌わして、大御酒《おおみき》を献《たてまつ》らしめられた。ここに建内宿禰命《たけのうちのすくねのみこと》、御子《みこ》の為に答えまつれる歌。

この御酒《みき》を、醸《み》みけむ人は、その鼓《つづみ》、
臼《うす》に立てて、歌いつつ、醸みけれかも、
舞いつつ、醸みけれかも、この御酒の
御酒の、あやに、転楽《うたたぬ》し、ささ、

（『古事記』中巻）

また吉野《よしぬ》の白梼生《かしふ》に横臼《よくす》を作りて、その横臼に大御酒を醸みて、献る時に歌って、

白梼《かし》の生《ふ》に、横臼《よくす》を作り、横臼に、
醸《か》みし大御酒、甘《うま》らに、聞こしもちたせ、

我がち。　　　　　　　　　　（同上）

と酒礼讃の様子が偲ばれる。帰化人須須許理《すすこり》は、この御代に新たに大陸の醸造法を伝えた。須須許理は大御酒を醸みて天皇に献った。時に天皇歌わせられて、

須須許理が、醸《か》みし御酒に、吾酔いにけり　ことなぐし　えぐしに　吾酔いにけり。

かくのごとく歌わしつつ幸行でませる時に、御杖《みつえ》以《も》ちて大坂《おおさか》の道中《みちなか》なる大石《おおいし》を打ちたまいしかば、その石走り避りぬ。故に諺《ことわざ》に「堅石《かたいし》も酔人《えいひと》を避くるとぞ曰うなる」（同上）と酔った人はどんなことをするかわからぬから石さえ道をよけると。酒は段々盛んに用いられることとなったのである。かくして神酒を上らぬ神もないという様に、敬神と神酒とは密接不可欠の関係を生ずるに至った。

古来より我が民族の抱いていた宗教意識は、神は現実の世界を保護し、懲罰する荒魂《あらみたま》和魂《にぎみたま》の思想である。魂は死後なおこの現実の世界に残るものだと考えられた。仏教が伝来

してもまた仏陀は外国の神、すなわち蕃神《ばんしん》だと考え、仏もまた日本の神々と同様に現世を保護し、懲罰するものという考えであった。これが特に神仏習合をなさしめる原因でもある。仏教と共に敬神もまた盛んである事実はこれが為である。敬神のある所、酒は必ず影の形に従うが如く随伴して、離れることが出来なかった。仏教と敬神の接近によって、仏教本来の飲酒戒の禁制も、次第に妥協し苟合《こうごう》して、その特色をむしばまれたのである。この妥協を打破すべく警鐘を乱打したものは、滅後《めつご》我法《わがほう》は東流《とうりゅう》すという仏勅《ぶっちょく》の予言、すなわち仏教東漸《とうぜん》という思潮に乗じて、仏国土建設の為に渡来した支那の高僧達の警醒《けいせい》であった。かくして幾度か変遷し転向して、今日に来たったものである。

支那より渡来した僧は、その国を放逐せられた遍路者の集まりではなかった。日本は君子国である、大乗相応の地である仏陀の懸記《けんき》すなわち予言を実現すべき地であるとして、帝師とし国師として非常なる尊信《そんしん》を受け惜しまれた身にして渡来したものも少なくない。西に向かって入竺求法のそれが熱烈であった如くに東海《とうかい》の風波《ふうは》を凌いで仏国土建設。法の為に渡海した宗教的熱情は決して看過することの出来ないものであると共に、我が国渡来の支那僧はその質において断然秀でていたものといわなければならぬ。従って我が国仏教に与えた影響はすこぶる大であった。

(二) 奈良仏教と酒

(イ) 僧尼令の禁制

我が国に初めて仏教の伝来したのは欽明天皇《きんめいてんのう》の御代である。百済《くだら》の聖明王《せいめいおう》が仏像経巻を献じて、その崇仏を勧めてより国内賛否の両論に分かれ、法難に遭遇することもあったが、聖徳太子出世せらるるに及び、「三宝興隆の詔《みことのり》」を発せられ、いよいよ隆盛を極むるに至った。ついで支那との交通により直接仏教も移植せられて、我が国文化を進めるに大いに貢献した。支那文化の我が国に及ぼした影響の中で、最も著明《ちよめい》なるものは、その制度法律の模倣をして我が国を法治国たらしめたことである。なかんずく仏教を取締る為に僧尼《そうに》の風儀《ふうぎ》を守ることは特別重視せられた。仏教界通有の風儀、すなわち戒律の項目を以て国法の上に判定せられたものが、大宝令《たいほうりよう》の僧尼令《そうにりよう》である。僧尼令は、僧尼の寺院以外に別住すること、綾羅錦繡《りようらきんしゆう》の衣を着ること、僧尼の交通することを禁止し、及び飲酒五辛《いんしゆごしん》を禁止する等、厳重なる取締が制定せられている。飲酒禁制に関ずる制定を見るに、

およそ僧尼、酒を飲み肉を食い、五辛を服すれば三十日苦使《くし》せよ。もし疾病《しつぺい》の薬分《やくぶん》として須《もち》うべくは、三綱《さんごう》その日限《にちげん》を給せよ。もし酒を飲んで酔乱《すいらん》し、及び人と闘い打たば各《おのおの》還俗せしめよ。

酒は薬用としてのみ許される。しかも予め三綱の承認を経て、日限によってのみ許された以外には絶対禁酒であらねばならなかった。その制裁を見るに、単に酒を飲んだということで、三十日間の苦役を受ける。もし酔乱すれば還俗の重刑、すなわち波羅夷《はらい》の断頭罪《だんとうざい》

に処せられたのである。この禁制に見るも如何に僧尼の飲酒が、仏教の宗教的生命を殺す重大なものであるかを示して余蘊《ようん》なしである。飲酒と酔乱の境目、酔うたか酔わぬかは甚だ難しいことである。そこで大宝令注釈の最古のものの一である奈良朝の「古記」の説に、

　飲酒とは酔乱に至らざるを謂うなり

とある。かくの如く僧尼の飲酒は国法で取締られ、日本仏教上代史の飲酒観が如何に厳粛なりしかを知ることが出来る。

㈺　奈良朝廷の禁酒令

支那文物の輸入は、素朴なる日本文化を飛躍向上せしめ、遂に広大なる寧楽京《ねいらくきょう》を造営せしめ、華やかな奈良朝時代を現出した。この文化の主流をなすものは仏教であったことはもちろんである。幾多の名僧高僧の渡来あり、我が国にも幾多の名僧を輩出し、南都六宗の教学は大いに発展した。なかんずく、過海大師《かかいたいし》鑑真和上《がんじんわじょう》の渡来によって、初めて我が国

に戒壇《かいだん》が出来て、正式の授戒が行われる様になったことである。和上の戒律は梵網《ぼんもう》と四分律を兼ねた大小兼行律《けんぎょうりつ》であったから、酒の禁制は特に厳重であった。我が国禁酒の祖としてその及ぼす影響は甚だ大なるものがあったと思われる。朝廷の保護興隆により仏教はますます隆盛に赴き、その感化の及ぶ処少なしとしない。なかんずく仏教の慈悲、不殺生の思想よりは、従来行われ来たった狩猟にかえるに、薬狩《くすりがり》が行われ、殺生禁断食肉を禁ずる等、著しき事実を示した。酒の問題もまた食肉を禁ずることに関連して、大いに注意が払われている。飲酒の害が農繁に暴飲仕事を怠るを以て、禁酒の詔《みことのり》が下されたのが孝徳天皇大化二年三月、

「およそ畿内より始めて、四方の国に及ぶまで、農作月に当たりては、早々営田《えいでん》を務めよ、美物《びもつ》と酒とを喫《くら》わしむべからず」

とあり。元正天皇の養老六年秋七月丙子《ひのえね》（皇紀一三八二、西暦七二二）の詔勅《しょうちょく》には、

「陰陽錯謬《いんようさくびょう》して、灾旱頻《さいかんしき》りに臻《いた》れり。これに由《よ》て名山《めいざん》に奉幣《ほうへい》し、神祇《じんぎ》を奠祭《てんさい》す。甘雨《かんう》

未《いま》だ降らず、黎元業《れいげんぎょう》を失《しっ》せり、朕《ちん》が薄徳《はくとく》、これを致せるか。百姓何の罪ありてか憔萎《しょうい》すること甚しき。宜しく天下に大赦《たいしゃ》し国郡司《こくぐんし》をして審《つまびらか》に寃獄《えんごく》を録し、骼《かく》を掩《おお》い、胔《し》を埋《うず》め、酒を禁じ屠《と》を断《や》め、高年《こうねん》の徒には勤《つとめ》て存撫《そんぶ》を加えしむべし」（『続日本紀』巻九）

洪水、旱魃、飢饉等の天災による凶作に対して、酒造米制限の理由で禁酒令も出たであろうが、畏くも天皇には天災頻に臻ることを憂慮し給い、朕之薄徳致二于此歟《ちんのはくとくここにいたせるや》」と善政を布いて、これが対策の一頃に禁酒を加え給えるは、大いに注意すべきことである。聖武天皇も同様なる詔勅を下されて飲酒を禁ぜられている。ついで孝謙天皇天平宝字二年（皇紀一四一八、西暦七五八）二月には、詔《みことのり》して曰く、

「時に随って制を立るは国を有《たも》つの通規《つうき》、代《だい》を議《はか》って権《けん》を行うは昔王《せきおう》の彝訓《いくん》、頃者《けいしゃ》、民間宴集《みんかんえんしゅう》して、動《やや》もすれば違愆《いせん》することあり、或いは同悪相聚《どうあくあいあつまり》て、濫《みだ》りに聖化《せいか》をそしり、或いは酔乱節無《すいらんせつな》く、便《すなわ》ち闘争《とうそう》を致《いた》す。理《り》に拠《よ》ってこれを論ずるに甚だ道理に乖《そむ》けり。今より已後《いご》、王公已下《おうこういか》祭《まつり》に供《そな》え患《わずらい》を療《いや》するを除く以外飲酒する事を得ず。それ

朋友僚属内外《ほうゆうりょうぞくないがい》の親情、暇景《かけい》に至《いたり》て応《まさ》に相追訪《あいおいと》うべき者は、まず官司《かんし》に申してしかして後《のち》に集まることを聴《ゆる》す。もし犯すことあらば五位已上《いじょう》は一年の封録《ほうろく》を停めん。六位已下は見任《げんにん》を解却し、已外《いがい》は杖八十を決せよ。冀《こいねがわ》くは将《まさ》に風俗を淳《じゅん》にして能く人の善を成し、礼《れい》を未識《みしき》に習いて、乱を未然に防がんことを」（『続日本紀』巻二十）

これは民間に下された絶対禁酒令である。宴会に於ける違愆の故に、禁酒による淳厚《じゅんこう》なる風俗を立てんとせられた為である。仏教の盛んに行われた時代相より見るも、これは仏教排酒の精神が然らしめたものと考えることもあながち附会《ふかい》ではなかろうと思われる。奈良朝廷が右の如くに、しばしば飲酒禁制の詔勅を発せられたことは日本文化の進歩を示すものといえよう。

(三) 平安仏教と酒

(1) 平安初期の教界と酒

平安朝に於ける仏教の飲酒観を眺めるに先だち、前後四百年を通じてその背景をなす時代の大勢に就いて一瞥することとする。

桓武天皇が奈良京から平安京に遷都せられし原因は、前代の弊政《へいせい》たる政教関係の葛藤を断砕《だんさい》して、紊乱《びんらん》せる政治を刷新《さっしん》し人心を一新せんと図り給いしものである。されば諸般の制度を粛正《しゅくせい》し給い、殊に宗教方面においては奈良朝の放漫政策を制圧し、南都仏教の腐敗堕落を廓清《かくせい》せんとせられ、しばしば詔勅を発して僧侶の革正《かくせい》を図られている。すなわち僧侶の粗製濫造を禁じて年分度者《ねんぶんどしゃ》の制定による厳選、破戒の者を処罰し、殖産利欲に耽ける者を止め、怪しき祈禱咒術を以て民を惑わす者を処刑する等、前代仏教の廓清に努め給うている。されば新たに天台、真言の宗派を伝えた伝教、弘法両大師を重用して、教界革新に邁進されている。仏教の伝来があってから長い年月は閲《けみ》しているが、まだ、庶民階級にまで普及したものではなかったもののようである。当時の一般の宗教意識は未だ低級なものであった。こうした中から酒を切り離すことは至難の事であったろう。延暦十七年の詔に曰く、

「夜祭会飲《やさいかいいん》……互に酔乱を事とし男女別なし、上下《じょうげ》序《じょ》なし。淫奔《いんほん》相追うに至っては法に違《たが》い、俗を敗ることこれより甚だしきはなし。……祭は必ず昼日昏《ちゅううじっこん》に及ぶことを得ざれ」と。(『類聚三代格』)

未だ祭にはかかる自然的の事が、この時代にも行われていたのである。夜祭が酒によって乱され、不倫の行為が行われていたことに対する浄化を図られたものである。『万葉集』巻九にある、

「鷲《わし》の住む筑波《つくば》の山の裳羽服津《もはくず》のその津《つ》の上に率《いざな》いて、おとめ男の往き集《つど》い、かがう嬥歌《かがい》に、人妻《ひとづま》に吾も交《まじ》らん、吾妻《わがつま》に人も言問《ことと》え、この山をうしはく神のはじめより、いさめぬわざぞ、今日のみは目串《めくし》もなみそ事も咎むな」

神事と関連してこの風がなお残されていたのである。神に名をかりて他妻と自妻を取りかえる不倫の淫行を自他共に許していたことから見るも、まだ当時低級なる宗教道徳が行われていたことが知られる。

神祭《かみまつり》と同様に法会《ほうえ》もまたこれに類したものであった。弘仁三年四月の詔《みことのり》に、（皇紀一四七二、西暦八一二）

「法会《ほうえ》の時、懺悔《さんげ》の日、男女混雑、彼此別《ひしわか》ち無し、非礼の行《おこない》勝《あ》げて論ずべからず。道《みち》を敗《やぶ》り、俗《ぞく》を傷《きずつく》るこれより甚だしきはなし」（『日本後紀』巻二十二）

仏会もまた男女混雑、敬虔なる行事ではなかったらしい。この混雑不謹慎な宗教行事に酒が随伴していたことはもちろん推察せられる。

次に初めて官について天子に、献食するを焼尾《しょうび》といい、盛んに酒宴を行う風があり、しかも酒量度《ど》なく沈湎《ちんめん》するを荒鎮《こうちん》という。当時はこの弊風は盛んに行われていたので、これが禁令が下されている。

貞観八年正月勅《ちょく》して、（皇紀一五二六、西暦八六六）

「諸司《しょし》諸院《しょいん》、諸家《しょけ》諸所《しょしょ》之人《のひと》、新たに官職を拝し、初めて進仕《しんし》に就くの時、一に荒鎮《こうちん》と号し、一に焼尾《しょうび》と称す、これによるの外《ほか》、人を責め飲《いん》を求む。臨時《りんじ》群飲《ぐんいん》等《とう》の類《るい》、積《せき》習《しゅう》して常となす。酔乱《すいらん》度無《どな》くして、主人常に財《ざい》を竭《つ》くすの憂《うれえ》あり。賓客《ひんかく》曾《かつ》て身を利するの実なし、もし期約《きやく》相違せば終《つい》に陵轢《りょうれき》に至り営設《えいせつ》具えず、定《さだ》んで罵辱《ばじょく》をなし、啻《ただ》に争論《そうろん》の萌芽たるのみにあらず、誠に闘乱《とうらん》の淵源《えんげん》をなす。望んで請う。勅文に准拠《じゅんきょ》し、厳《げん》に禁止を加えよ。但《ただし》集者《しゅうしゃ》を聴《きこ》すといえども、十人を過《すご》すべからず、また酒を飲み過差《かさ》して闘争に至るを得ざれ、もし違う者あらば親王以下、五位已上は並びに食封位《しょくふうい》禄《ろく》を奪い、自外《じがい》は前格《ぜんかく》の如し。若《も》し容隠《よういん》糺《ただ》さざれば、同じくこの科に処す。但し聴すべきの色《しき》は具《つぶさ》に別式《べっしき》に存す」

「諸家諸人祓除神宴《しょけしょにんはらいしんえん》の日、諸衛府舎人《しょえふとねり》および放縦《ほうしょう》の輩《はい》、酒食《しゅしょく》を求め被物《ひもつ》を責むるを禁断せよ。諸家諸人六月十一月に至って、必ず祓除神宴の事あり、絃歌酔舞《げんかすいぶ》し神霊《しんれい》を悦《よろこ》ばせんと欲して、諸衛府舎人並びに放縦の輩は、主《しゅ》の招きに縁《よ》らず、好みて賓位《ひんい》に備え、幕を侵して争い入り、門を突いて自ら臻《いた》る。初め来るの時は酒食を愛するに似て、将《まさ》に帰却せんとするに臨みて、更に被物を責む。その求《もとめ》を給せざれば、忿訟《ふんしょう》罵辱《ばじょく》、或いはまた神言《しんげん》に託して詛《のろ》い、主人を恐喝す。かくの如く濫悪《らんあく》年を追うて惟《こ》れ新《あらた》なり。彼の意況《いきょう》を推すに、群盗《ぐんとう》に異ならず。豪貴之家《ごうきのいえ》すらなお相憚《あいはばか》るなし。何に況《いわ》んや無勢《むせい》無告《むこく》の輩《はい》においてをや」（『三代実録』巻十二）

かくの如く険悪なる社会相をなしていたものであって、実に無慚無愧《むざんむぎ》の有様があらわされている。当時如何にも聖代かの如く好名目を付せられてはいるが、実においては決して泰平なる時代ではなかったようである。当時の弊風である焼尾荒鎮の酒乱の如何に社会を毒したかを知ることが出来よう。恐らくこの禁酒命も文句に止って実践には移されなかったであろうと思う。やがて宗教界もこれらが横行して破戒の僧侶を生じて、害毒を流すこと夥《おびただ》しきに至ったものである。

延喜《えんぎ》年間の三善清行《みよしのきよつら》の『十二箇条の意見封事《いけんふうじ》』が出るのも、蓋し当然であろう。

これより藤原氏政権を擅《ほしいまま》にするに至っては、さながら酒池肉林の酔乱境を現出し、極めて不健全なる時代相をなした。日夜絃歌酔舞し、ひたすら享楽を求めて、嗜酒《ししゅ》に耽溺し、太平に狃《な》れて痴呆の限りを尽くした殿上人の生活は、当時の世相を記した物語にあらわされている。さればこのアルコール中毒にかかった彼等の生活の中には、儒教の道徳律も仏教の五戒も顧《かえり》みられない。当時の人にはその行為を道徳的に律して行こうとする意志の生活も、善悪邪正を批判して行く倫理生活も全く捨てられてしまった。その生活には秩序なく、節操なく、規範なき放縦《ほうじゅう》懶惰《らんだ》なものである。さればこれに反したものは「かたくな」として排斥せられ、浸《ひた》る刹那《せつな》の享楽に欲情の跳《おど》るがままに終始したのである。こうした社会相の中に於ける平安仏教は、雲の上の貴族仏教で民衆の救済には力を注がない。ひたすら真言事相《しんごんじそう》による祈禱作法である。初は国家鎮護であったが、後には病気平癒官職を求める為、安産を祈り、物の怪を払う現世中心主義となり、教相を離れた迷信教に堕したのである。物の怪、物のあわれ等、神経衰弱的気分が充満している。歓楽極まりて哀情多きそのはけ口を神仏に持って来る。それを救済することを知らぬ。祈禱万能仏教の無力さを見よ。中央に精神的独立のない者の弱き叫びがあり、地方には戦乱相ついで起こる修羅の巷がこの世ながらに現出《げんしゅつ》せられていたのである。仏教禁酒の精神も、茲《ここ》に至ってこれに抗することが出来ずして、ここに時代は流転したのである。

(2) 伝教・弘法両大師の精神

奈良仏教が市井《しせい》の俗塵《ぞくじん》に染まり、腐敗堕落して政教関係に幾多の汚点を残したことから、敢然《かんぜん》立ってこれが改革を叫び、市井の仏教より山林仏教へと一大転回を試みたものは伝教《でんきょう》大師最澄《だいしさいちょう》（皇紀一四二七年―一四八二年、西暦七六七―八二二）である。大師は奈良仏教に対して、全然反対を宣言し、渡唐して伝えた天台の法門法華一乗《ほうもんほっけいちじょう》の妙法を我が国に弘布せんとした。「我が法は大乗の妙教である。然るに大乗戒は未だこの国土に行われずして、分通大《ぶんつうだい》乗《じょう》の大小兼行律に依ることは甚だしき矛盾であらねばならぬ。南都の戒壇に受戒することは大乗教を奉ずる者の道ではない」

とあって、自ら敢然として小乗戒を棄捨して、大乗戒壇建立を発願し、純大乗の僧伽を作らんとして、この独立の為に南都諸宗と対抗せられたのである。生前勅許を得なかったが、大師滅後遂に叡山戒壇《えいざんかいだん》は独立することが出来た。大師のいわゆる大乗戒とは円頓戒《えんどんかい》である。大師のこの理想は真個の大乗菩薩僧の打出《たしゅつ》である。「衣食の中に道心なし、道心の中に必ず衣食あり」と、道心の仏心のみが生命ある仏教である。されば比叡山を限って結界の地となし、女人も入ることを禁制し、学生式《がくしょうしき》を制定しては、一期の籠山《ろうざん》十二年、足一歩も山を出でずして修行すべきことを規定せられている。さればこの道場においては円頓戒がその梵網の十重、四十八軽戒を内容としているにより知らるる如く、絶対無酒の道場とせられたものである。大師入滅の時、後徒に残されたその遺戒に、

「我が同法飲酒《おんじゅ》することを得ざれ。もしこれに違わば我が同法にあらず。また仏弟子にあらず。早速に擯出《ひんしゅつ》して、山家《さんげ》の界地を践ましむることを得ざれ。もし合薬の為にも、山境《さんきょう》に入ることなかれ」

と、酒に対する徹悃《てっこん》の慈誡《じかい》思うべきである。飲酒《いんしゅ》を侵《おか》す者は「我が同法にあらずまた仏弟子にあらず」と、仏教精神はかくあらねばならぬ。「合薬の為にも山境に入ることなかれ」とは薬に名を借る偽瞞者《ぎまんしゃ》の続出を恐れたからであろう。教界革新の炬火《きょか》をかざして突進せられた大師の精神は末永く叡山をして無酒研学の聖道場たらしめたとせられたのである。時は正に末法に入らんとしている。国土は日域大乗相応の地である。法は無上最第一なる法華一乗の妙法である。この日域大乗相応国《にちいきだいじょうそうおうこく》をして無酒国たらしめんとせられたのが大

師の精神であった。

次に伝教大師と共に平安新仏教の二大明星の一なる弘法大師空海《こうぼうだいしくうかい》（皇紀一四三四年―一四九五年、西暦七七四―八三五）の飲酒観について見るに、大師もまたその遺告の中に「僧房の内にして酒を飲むべからざる縁起」を説いて、秘密門徒の飲酒を禁ぜられている。

「それ以《おもむ》みれば酒はこれ病を治するの珍《ちん》、風《かぜ》を除くの宝《たから》なり。然《しか》れども仏家においては大いなる過《とが》となすものなり」。これを以て『長阿含経』に曰わく「飲酒に六種の過あり」等云々、『智度論《ちどろん》』に曰わく「三十五種の過《か》あり」等云々、また『梵網経』の所説甚深なり。何に況んや秘密の門徒酒を受用すべけんや。これに依て制する所なり。但し青龍寺《せいりゅうじ》の大師と共に御相弟子《おんあいでし》の、内供奉十禅師《ないくぶじゅうぜんじ》順暁《じゅんぎょう》阿闍梨《あじゃり》と共に語らい擬《ぎ》して曰わく「大乗開文《かいもん》の法に依らば、治病の人には塩酒を許す、これに依《より》てまた円座《えんざ》の次《つい》でに平《へい》を呼んで数々用うることを得ず。もし必要あらば外より瓶《かめ》にあらざる器に入れて来て茶に副えて秘かに用いよ、云々」（真言宗聖典『御遺告』）

とある。治病の為には塩酒を許すが、平癒を口実にしてしばしば用いることは許さない。しかも秘かに茶を雑ぜて用いよと、遺誡は懇切丁寧である。大師は遺誡において「顕密《けんみつ》の二戒堅固に受持して清浄にして犯《ほん》なかるべし」といい、「かくの如き諸戒は十善を本となす」（同遺戒）とある。密教は十善戒を主として用いる所が、他宗と異なる所である。しかして十善戒は後徒《こうと》をして誤らしめた。五戒十戒には不飲酒戒があるのに、密教十善戒にはこれがない。大師は塩酒を許されたと云い、遂に大師の精神も水泡に帰し、野山もまた酒の為に侵されるに至ったことは遺憾である。蓋し十善戒は五戒の形を変えたに過ぎぬのではなかろうか。不殺、不盗、不邪行を身《しん》の三戒と、妄語、両舌《りょうぜつ》、悪口《あくく》、綺語《きご》を口《ぐ》の四戒と、無貪《むどん》、無瞋《むしん》、無痴《むち》を意《い》の三戒に分類せられる。しかして意の三方面が第五戒の不飲酒戒に相当することは明らかである。

(3)　平安仏教に於ける不飲酒戒の歪曲

奈良仏教の革新を図り、新たに天台真言の新宗派を伝え、混沌たる教界に炬火《きよか》をかざした伝教、弘法両大師の飲酒観は、上述せる如くよく仏教の中心生命に触れていた。先には大宝令僧尼令が、絶対禁酒を僧尼に国法を以て厳守せしめんと、仏律《ぶつりつ》の上に加上《かじよう》した。仏律並びに国法を以て取締っていた僧尼の飲酒の禁制も、時代の変遷推移と共に、時流に惑溺して、遂にアルコール仏教にまで歪曲転回して来た。初めは秘かに薬酒を口実としていたが、遂には公然破戒して何等怪しまざるまでになって来た。僧侶自らもこれを怪しまず、社会もまたこれを見て不思議としない気運を醸したことは、恐らくインド支那仏教史上には見ない現象であろう。アルコールに麻痺し陶然たる酔心地、これを地上の浄土と感じたであろう。平安仏教界中この時流の惑溺《わくでき》の中から、その歪曲なることを指示したものを見ない。何がかくまでに無感覚にせしめたであろうか。これが探究は至要の問題であらねばならぬ。私の見る処を以てするに次の三箇条が、その主原因ではなかろうかと思う。

(イ) 僧侶の質の低下

(ロ) 神仏習合思想による妥協

(ハ) 末法思想による無戒気分

以下これら史実を検討し考察して見ようと思う。

(イ) 僧侶の質の低下

得度の紊乱は既に奈良朝末期から始り、平安朝初期にはしばしば詔勅を下して、これが取締りを厳にし、僧侶の粗製濫造を禁制せられた。年分度者《ねんぶんどしゃ》の制度に依って、僧侶を厳選せられたが国家の統制、弛緩と共に崩壊してしまった。貞観七年頃の有様を見るに、「頃年《けいねん》の間《かん》、ただ旧例を忘却するのみにあらず。兼ねて復《ま》た仏教に違背《いはい》す。或いは戒日《かいじつ》に臨み、纔《わずか》に官符《かんぷ》を下し、新たに頭髪を剃り、初めて袈裟《けさ》を着す。冠幘《かんさく》の痕《あと》頭額《ずがく》なお存《そん》す。或いは十四已下《いか》年少の人空しく名を貪《むさぼ》るの外謀《がいぼう》あり。曾て慕道《ぼどう》の中誠《ちゅうせい》なし。皆これ未だ沙弥《しゃみ》の行を練らず、況《いわ》んや懺悔《さんげ》の事においてをや。加以《しかのみ》ならず、結番《けつばん》の場《じょう》、上下を競いて闘乱《とうらん》し、登壇《とうだん》の次、先後《せんご》を争うて拏攫《どくわく》し、遂に有司《ゆうし》を罵詈《ばり》し、十師を陵《りょう》轢《れき》す、濫悪《らんあく》の甚だしき、勝《あ》げて計《かぞ》うべからず。それ表無表戒《ひょうむひょうかい》を受く。何ぞ受戒と曰わんや。三師七燈《さんししちとう》の前において、慇懃至誠《いんぎんしせい》に礼を求め、戒を乞うの下《もと》非《ひ》を防ぎ、悪を止《とど》むるの功能《くのう》を発得するを名づけて表戒《ひょうかい》と曰う。羯磨《こんな》の下、非色悲心《ひしきひしん》、成仏殊勝《じょうぶつしゅしょう》の功能を発得《はっとく》するを名づけて無表戒という。至誠礼教《れいぎょう》の心無くんば、安んぞ表戒を得んや。表戒未だ得ざれば、何ぞ無表戒を得んや。表戒無表戒を得ざれば、何ぞ得戒《とくかい》と名づけんや。登壇已後律相《いごりっそう》を学ばざるが故に持犯《じほん》を知らず、持犯を知らざるが故に、安居《あんご》を修せず、何ぞ比丘《びく》と称せんや」(『三代実録』巻十)

全く受戒作法においてかくの如く、不敬虔である。全く慕道《ぼどう》の為の出家ではない。単に生活の為の手段として仮面を被った濫悪僧《らんあくそう》が作られていたのである。彼等に戒行を望むことは木によって魚を求むるが如くであろう。されは貞観《じょうがん》八年六月の詔《みことのり》によって僧侶の飲酒贈遺《ぞうけん》の禁令が発せられている。

「破戒濫行の輩、仏教に違い、王法に乖《そむ》き、療病《りょうびょう》に因るにあらずして妄《みだり》に自ら觴《しょう》を飛ばし、有識《ゆうしき》の嘲《あざけり》を知らず、護法の厭《えん》を顧みるなし」

薬用を口実として破戒無慚の輩《はい》が、飲酒による濫行を見て、遂に僧侶飲酒の禁令までが発せられるに至ったのである。

次いで延喜十四年（皇紀一五七四、西暦九一四）三善清行が『十二箇条の意見封事』を上《たてまつ》って、時弊《じへい》を論ずる中にも、当時の僧侶の堕落の有様が十分看取することが出来る。諸寺の年分度者、及び臨時の得度者が一年に二、三百人に及ぶ。その中半分以上は邪濫《じゃらん》の輩である。また諸国の百姓は課役を免れ、祖調《そちょう》を逋《のが》れる者は私に自ら髪を落とし、猥《みだ》りに法服を着けて、法師の姿に身をやつした。かくの如き輩が年々多く天下の人民三分の二まで禿首《とくしゅ》であると云っている。これらの生活は家に妻子を蓄《たくわ》え、口に腥羶《せいせん》を啖《くら》う肉食妻帯の生活を送る在家法師であったのである。「形は沙門に似て、心は屠児《ママ》の如し」と評している。喜田〔貞吉〕博士の『賤民概説』によって見ると、この間の消息が明らかにせられている。現存している延喜年間の阿房国の戸籍一部と周防の国の戸籍を見るに、男子が甚だ少なく女子大多数を占めている。公民たる男子が課役を避けて、自度《じど》の僧となり戸籍外に脱出した結果である。彼等が国家から公民と認められても、これが為に得る所はなく、却って国司の苛斂誅求《かれんちゅうきゅう》に苦しめられるのみであったので、自ら公民の資格を捨てる方便として、争うて出家へ走ったのである。思えば政治の不正からルンペン生活者を生じ来たったのである。されば時としては群盗をなし、暴逆無道の限りを尽くして荒らし廻った事も考えられる。僧兵もかかる時勢に投じて出現したものである。世に志を得ざる者で、信仰の為でなく生活手段として、経済的に豊かな大寺に寄生し来たったのである。神輿《しんよ》を奉じて強訴《ごうそ》暴行の限りを尽くし、京都を横行して荒らしまわった。僧兵等の生活はすこぶる荒んだものであった。酒をあうる濫悪僧の横行恐るべきは時の流れである。

(ロ) 神仏習合思想による妥協

奈良朝に起源を発した本地垂迹《ほんちすいじゃく》の思想は、平安朝に入ると共に次第に神仏両者を接近せしめて、平安の中期に至ってほぼ成立するに至った。神仏習合の気運は仏教の日本化をあらわすものであり、その一般に伝承せしむる好方便であった。ここにおいて神前に読経をなし、また神前写経を行い、神社の中には別当寺院《べっとうじいん》が建立せられいわゆる神宮寺《じんぐうじ》と号するもので、これには社僧が置かれた。また寺院においてもそれぞれ、鎮守の神社が設けられることになったのである。かくの如く神仏の接近によって、酒と絶縁することは全く不可能となって来た。我が国の神々には必ず酒を上《たてまつ》ることになっている。されば酒を好まぬ神もなくという如く、敬神の行われる所酒は必ず随伴した。仏教と敬神が密着する所、仏教また酒と離れることは出来ない。

されば春日神社《かすがじんじゃ》に上る神酒は興福寺《こうふくじ》で醸造した。日吉神社《ひよしじんじゃ》に上る神酒は叡山で醸された。

河内の天野寺《あまのでら》も盛んに醸造し、それは高貴へ献上せられ、その佳美《かび》を称せられ、天野酒《あまのしゅ》の起源をなしている。奈良には興福寺の外に東大寺もまた醸造したものであろう。東大寺要録に記せる諸院章《しょいんしょう》に北厨《ほくちゅう》南厨《なんちゅう》に一百四十二口《こう》の甕《かめ》ありとしている。この甕こそ酒甕ではなかろうか。奈良酒《ならざけ》が中世銘酒として有名であったことはこれら寺院に負うことが尠くないのである。我が国酒造発達の上において、寺院の貢献を看過することは出来ない。

不飲酒戒を厳守し、絶対排酒の精神を以て特色とせる仏教も、事ここに至っては全く転倒である。南都が酒造の中心となるに及んでは、彼等の弁明もまた必要であったであろう。南都仏教の大立物《おおたてもの》戒律の開祖、鑑真和上渡来して酒造の法を伝うという伝説（佐藤〔寿衛〕博士『日本の酒』）は何に起因しているか、自分は知らないが、恐らくこれが批難を免れる為の捏造の言葉ではなかったかと思う。酒を何とも思わない。この気運を形作ったことは、実に仏教を堕落せしむる大いなる原因である。これ余りにも時流に迎合妥協した平安仏教の弱さを暴露したものと云わざるを得ない。

㈧　末法思想による無戒気分

平安朝を通じて流れる思潮の中、特に注意すべきものは、末法《まっぽう》思想である。宗教のいずれもが上代を理想化して考えて来た。すなわち仏教で云えば釈迦仏の在世は全く理想化された世界であったが、滅後を去るに及んで仏の正法が、次第に殞滅《いんめつ》して行く。その純潔を失う有様を三期に分類したものが正法《しょうぼう》、像法《ぞうぼう》、末法の変遷である。いわゆる仏の世に在りし時と同じく、真の仏教の行わる正法の時代と本物そのままではないが、とにかく、似《に》よりの仏教の行わるる像法の時代、本物は失せ、似よりも無くなって僅かに微《かす》かな仏教が残っているのみの末法の時代である。これは古来より仏教の歴史哲学観ともいうべく深く信ぜられて来たものである。正法千年、像法五百年、いよいよ末法に入ったと考えた時の人心はすこぶる不安を感じたであろう。伝教大師が『守護国界章《しゅごごくかいしょう》』を書いて、「正像稍《しょうぞうやや》、過已末法甚近在《すぎすでにまつぽうはなはだちかきにあり》」とある。経典に記せる所末法の世は闘諍堅固《とうじょうけんご》であるという文句は、そのままうつして以て平安中期の社会相に当て嵌《は》めることが出来た人々の心には恐しくも仏陀の予言の適中《てきちゅう》に戦《おのの》いたであろう。国家の統制は弛《ゆる》む。所在に強盗鋒起《ほうき》して残虐を極める。形沙門に似るといえども遥に如法《にょほう》を離れた僧兵の暴逆、戦乱闘争底止《ていし》する所を知らない現状を目のあたり眺めた人心の不安は、末法来たれりと観じたのも無理からぬことであった。

次に末法の世には正見なく、戒を保ち得ずという末法無戒の考え方は、「不飲酒などと片苦しく云う必要はない。世は末法無戒であるから酒を飲んでもよい。飲酒破戒は時代がそうせしめるのだ」という極めて都合のいい遁辞《とんじ》が作られたわけである。まして仏教思想としての末法思潮に加うるに、平安朝大宮人《おおみやびと》の生活は、日夜淵酔歌舞に刹那の享楽を求めて、栄華の夢をむさぼらしめた。この陶酔境からは物事にこだわらない事が尊いこととせられ、如何にもアルコール中毒の神経衰弱時代たる面目をあらわした。彼等の信仰は徒に現世利益の迷信的祈禱か、この享楽、この身このままで、極楽往生を欣求《ごんぐ》するという虫のいい他力信仰に過ぎなかった。されば真に慕道にあらずして、信仰の道楽化骨董化した生気なき仏教となり下ったのである。僧侶も彼等と交わっては嗜酒沈湎《ちんめん》したであろうことも察せられる。

『末法灯明記《まっぽうとうみょうき》』は伝教大師の著と伝えられているもので、真偽の程はわからないが、その中に『大悲経《だいひきょう》』の文を引用し、末法無戒の世に於ける比丘と酒との関係を説いて、酒肉の因縁をなすともなお般涅槃《はつねはん》を得ると云っている。

「『大悲経』に云く、仏阿難《ぶつあなん》に告ぐ、後末世において法滅《ほうめつ》せんと欲するの時、当に比丘、比丘尼、我が法中において出家を得、己が手に児《こ》の臂《ひじ》を牽《ひ》いて共に遊行し、酒家より酒家に至る。我が法中において、悲梵行《ひぼんぎょう》を作すもの有るべし。彼等酒肉の縁をなすといえども、この賢劫《けんごう》において一切皆当《まさ》に般涅槃を得べし」

かくの如く末法無戒という思想がまた仏教の飲酒戒を歪曲せしめた有力なる一原因であると思われる。

以上述べて来た如く、僧侶の質の低下と、神仏習合思想による妥協と、末法思想による無戒主義とは平安仏教が飲酒に陥没した主なる理由であろうと思う。この風潮は後世長く日本仏教を風靡して今日に至るまで浸潤し来たっている。されば時として仏制《ぶっせい》をかざして立つ者もないではないが、結局大勢には抗することを能わずして止んでいる。

僧尼令には国法を以て僧侶の飲酒を禁じた。然るに貞観三年三月十三日より三日間、魚肉を禁じて東大寺大仏供養会が営まれた。その時の導師一人供料として種々の項目を挙げられている中に、酒三升とあり。法用千僧供《ほうようせんそうぐ》の一人料としてまたその中に酒二合とある。甚だ心得ぬことである。既に魚肉は断じたが酒は断つことをせずして、かえって僧侶に供養するまでに至っている。同じく御仏名会の法要にも導師は朝廷から酒を賜っている。ここに至っては僧尼令はあっても無くてもいいわけである。上から公然開酒の実が見えている。アルコール仏教に転回する所以なきではない。叡山は開祖伝教大師の無酒道場であったが、次第に乱れて、僧兵の根拠地となり終わったのである。僧兵荒酔の横暴において神興を奉ずる日吉神社の祭神は大山咋神である。洛西《らくせい》松尾神と同体であり、酒に関係あることが、また叡山をして酒から免れることが出来なかったのではあるまいか。これを地理的に見れば、寒い山上の生活また酒を要求したのにもよるであろう。遂に天台座主また開山の遺誡を破っている。文安二年五月十七日の台記に記す所によれば、

「仰《おおせ》に依《よ》りて午《うま》の初《はじめ》無動寺《むどうじ》に詣《もう》ず……同刻終《つい》に臨幸《りんこう》……次いで南山房《なんざんぼう》に渡る（余（藤原頼長）歩行して真前に在り）まず御膳《おぜん》を供す。また余已下《いか》膳《ぜん》を賜《たま》う、一に水飲《すいいん》の儀の如し（座主房膳に預る）座主《ざす》申して云く、山霧人《やまぎりひと》において毒あり、飲酒してこれを消すという。中堂《ちゅうどう》、酒を禁ずるは酔うを禁ずるなり。願わくは上《しょう》これを飲まんことを（忠隆朝臣これを供す）了《いわ》って忠隆《ただたか》朝臣《あそん》をして盃《はい》を余に賜う。余曰く、他の盃を用うべし、（礼を存するなり）と、上曰く替えることなかれと。予御《ご》盃を以てこれを飲むこと一酔」

高野山もまた同様であった。世相の変遷推移と共に、飲酒の禁戒はその力を失ったと共に、仏教もまたその宗教的生命を失い、行きづまりを生じた時に、これが打開と共に革新

の鋒火《ほうか》を挙げて新生面を開いたものが鎌倉新仏教の運動である。

㈣　鎌倉仏教の二傾向

平安朝の文弱な公卿《くげ》大宮人《おおみやびと》の時代は、転回して勇敢なる武士階級へと時代は推移して来た。世は挙げて武家の手に移ると共に、従来の平安仏教は最早一般の要求を充すことが出来なくなった。世相の変遷と共に宗教改革の運動が起こされて、ここに形式的にして複雑なる貴族仏教は、直截《ちょくせつ》簡易な精神的庶民仏教へとかわって来た。末法思想を中心として考察する限り、この時代を代表する二大潮流として、一は末法を正法に回《か》えさんとするものと一は末法の世には末法的な仏教を開立するにありという二傾向を生じて来た。前者を代表するものは南都戒律仏教の復興運動と、新たに支那から伝えられた勇壮なる栄西《えいさい》、道元《どうげん》両禅師による禅宗である。後者を代表するものは法然《ほうねん》、親鸞《しんらん》、日蓮《にちれん》の諸上人によって開立された浄土、日蓮の法門である。飲酒戒を眺める上からするも前者が断然排酒を宣言し、排酒運動に活躍するに反し、後者が酒に就いて余り関心しないのみならず、或る者に至っては公然開酒するまでに至っている。今鎌倉仏教の飲酒観を見るにあたって、この二傾向より考察しようとおもう。

(1) 排酒派

(イ) 南都仏教

鎌倉新仏教を云うものは往々にして、南都仏教の戒律復興運動について看過する者が多いが、この中からは偉大なる高僧を輩出している。その正法の為に活躍した勝蹤《しょうちょく》は日本仏教史上忘るることの出来ないものがある。

「世はすでに末法に入れり」という悲観的思潮が澎湃《ほうはい》として、末法無戒の口実の下に、破戒無慚の行為が臆面もなく行われ、正に如来の正法地を払わんとするに至った時、敢然立って大乗実教《じっきょう》は時の推移によって滅するものにあらず、その時代がどうあろうが、仏戒を厳守する所に仏祖の慧命《えみょう》は相続せられる。時を論ずる必要はない。正像末は問題にならぬ。時にあらずしてその人自身にあると、勇猛精進浄仏国土《ゆうもうしょうじんじょうぶっこくど》の顕現に向かって突進したのであった。

この主張者明恵《みょうえ》上人（皇紀一八三三―一八九二、西暦一一七三―一二三二）の如きは、当代の仏教を革正して釈尊の正法に復えさんとし、その思慕の余りには仏跡巡礼までも発願せられている。その行持またよく仏制に随順せられたもので、実に一代の聖者たるを失わぬ。されば酒に対しては断固として排斥している。上人の伝記によって見るに、或る時上人栂尾《とがのお》にあって久しく冷病で、不食の時、医博士和気某《わけのぼう》が訪れ診断して云う。

「この御労いは冷えの故なり。山中霧深く、寒風烈しき間、美酒を毎朝あたためて少しずつ令服《ふくし》給わば宜しかるべき由」を申した。その時、上人これに答えて曰く。

「法師は私《わたくし》の身にあらず。一切衆生の為の器ものなり。仏殊《ほとけこと》に難処《なんしょ》に入りて誡め給うもこの故なり。放逸に身を捨つべきにあらず。その上必死の定業《じょうぎょう》をば仏も救い給わず。去れば耆婆《ぎば》が方《ほう》も老《ろう》を留むる術なく、扁鵲《へんじゃく》が薬も死も助くる徳なし。もし、予、暫《しばら》く世に住して益《えき》有るべきならば、三宝の擁護により病癒《い》え命延ぶべし。さあるまじきにおいては、仏の堅く誡め給う飲酒戒をば犯すべからず。殊に酒は二百五十戒の中より十戒にすぐり、十戒の中より五戒にすぐりたるその随一なり。虫毒《ちゅうどく》はただ一生を亡す失《しっ》あり。酒毒はこれ多生をせむる罪あり。縦《たと》い一旦かりの形を助くも小利大損たるべし。仏は寧ろ死すとも犯すべからずと誡め給えり。予、もし、薬の為に一滴をも服せば、何事かな、かこつけせんと思けなる法師共故《どもゆえ》、御房《ごぼう》も時に酒は吸い給いなんと云うためし引出してこの山中さながら酒の道場となるべし。仍《よ》って斟酌《しんしゃく》無きにあらず」

（『国文』東方仏教叢書』五　伝記上「栂尾明恵上人伝記」）

「法師は私の身にあらず、一切衆生の為の器ものなり」という大信念に住せられた上人の大自覚はよく仏戒護持の精神となってあらわれ、稀代の高僧として称讃せらるる故なきではない。されば、

「仏の堅く誡め給う飲酒戒をば犯すべからず。殊に酒は二百五十戒の中より十戒にすぐり、十戒の中より五戒にすぐりたるその随一なり」

と実に仏徒たるものの銘記厳守しなければならぬ教誡である。更に療病の為に用いる一滴酒も遂には、この聖道場を酒の道場として汚されむことを恐れての遠慮斟酌思うべきである。

明恵上人と並んで南都仏教を代表するものは、西大寺《さいだいじ》の興正菩薩叡尊《こうしょうぼさつえいそん》、（皇紀一八六一―一九五〇、西暦一二〇一―一二九〇）とその弟子忍性菩薩良観《にんしょうぼさつりょうかん》（皇紀一八七七―一九六三、西暦

一二一七―一三〇三）とである。いずれも生き仏と尊ばれ、菩薩と称えられていることによってもその如何なるものであったかがわかる。蓋し鎌倉新仏教を開立した各宗の開祖の偉大なことはもちろんであるが、それ等が後世門流《もんりゅう》の大発展をなすに至ってより、非常に開祖渇仰礼讃《かつごうらいさん》の為にその存在をも過大視されて来た。それが為に往々にして門流の発展しなかった者はその在世の聖業も忘れられ勝ちとなることが常である。泰西に於ける宗教改革運動の中で特に私の興味を惹くものは、反動改革者の運動である。プロテスタントの運動のみが宗教改革の華かな役割を誇っているが、それにもまして既倒《きとう》を本《もと》に回《か》えさんと支持し努める苦心はまた一層容易ならざるものがある。ロヨラ等の反動改革者のその力量徳力は、プロテスタントの改革者に比して勝るとも劣るものではない。その意味において叡尊、良観両律師の目覚ましい活動は、反動改革者の役割をなすものであり、そこにはすこぶる力強いものがあったのではあるまいか。この二聖者の社会活動は、決して超世間的な消極的な戒律の護持者ではなかった。自ら進んで実社会に突入して、戒律の精神を以て仏教福田《ふくでん》事業たる、いわゆる社会事業に終始したのである。
これら幾多の福田事業の中において、私の最も興味を惹く事蹟は実に禁酒運動である。仏者の中で自ら禁酒を誓って仏戒を守った者は尠しとしないが、進んで街頭に突進して社会の酒を禁ぜんとまで努力したものは、叡尊を除いて他に例を見ない。叡尊は弘安《こうあん》六年三月二日、戊時《ぼじ》、大和国三輪の非人宿堂において、四百五十八人に菩薩戒を授け、その中一百三十八人は断酒して、部落内に「酒を入るべからず」という掲示を出すに至っている。

（橋川正『〔日本〕仏教と社会事業』）

かかる階級の人々に宗教的感化を及ぼして、心身の救済に尽力した有様は尊くも仰がれる。かの瑞渓周鳳《ずいけいしゅうほう》の『臥雲日件録《がうんにっけんろく》』、文安《ぶんあん》四年正月八日の条に、昔、南都高行《こうこう》の律師が、弘安の蒙古襲来の時に、男山八幡宮に祈願をこめた賞として将《まさ》に欲する所の如くならしめんとしたが律師曰く、

「吾本望《われもとみな》みなし。ただ天下の酒を止むること三日なれば可なり」

と云ったので、便ち酒家に命じて酒甕を撃破したので、酒淋漓《りんり》として地に満ち、鶏犬皆酔《けいけんみな》うと記している。高行の律師とは叡尊のことを伝えたものである。この逸話によって見るに、当時の多欲僧が恩賞にあづからんとして、名利これ事とするに引きかえ、天下の酒を止むること三日を以て恩賞にかえた精神、何という尊厳さであろう。さればこの三日間は訴訟や闘諍がなかったとさえ伝えられている。

忍性菩薩良観は叡尊の弟子として、よく師の教えを実行したものである。師の叡尊が主として畿内にあって教化を布いている間に、自ら東国に行って教化に努めた。初め叡尊に帰依して婬酒《いんしゅ》を断ち、十重《じゅうじゅう》を受けて弟子となった。初め西大寺にあっては常施院《じょうぜいん》を建て、病客を養い、悲田院《ひでんいん》を修めては乞丐《きっかい》の歩行に堪えざる者を済《すく》うた。奈良坂に癩病者《らいびょうしゃ》がいた。手足攣曲《わんきょく》して起つことが出来ないので、これを憐み暁《あかつき》にこれを負うて市廛《してん》におき、暮れにはまた負うて帰った。しかも手ずから癩者を洗摩《せんま》して汚穢《おえ》を嫌わず、厳寒の時も酷暑の時も欠いた事がなかったという。この人類愛の心更《さら》に発しては、得た所の布施は悉く、これを散じ、寒素《かんそ》のものに遇えば、衣服を脱いで与え、盲者には杖を与え、乞丐には布袋を施し、捨て子に逢えば銭を出して乳養《にゅうよう》した。また病馬《びょうば》を集めて厩《うまや》につなぎ、仏名を唱え、小さき紙片に呪《じゅ》を書いてその頸《くび》にかけてやった。或いは文殊地蔵を画いて男女に分与し、凶《きょう》歳《さい》には糜粥《びしゅく》を煮て、餓飢者を救い、時疫《じえき》あれば病者を集めて剤を与えて撫恤《ぶじゅつ》した。北条時宗の療養院を得て、病を看ること二十年、病の癒えたもの四万六千八百人、死んだ者一万四百五十人であった。時人《じじん》これを崇めて医王如来と呼んだ。その他橋を架け、井を掘り、殺生禁断所を作る等、幾多の社会事業に尽くした。かかる福田事業中特に注意すべきは無酒国建設の為に努力したことである。日蓮上人は良観の活動に対して律国賊《りっこくぞく》と誹謗した。されば良観は天下の酒を止めんとする運動の障礙となるとすこぶる慨嘆している。日蓮上人遺文録「頼基陳状《よりもとちんじょう》」に見るも明らかである。

「良観房、常の説法に云、日本国の一切衆生を皆持斎戒《じさいかい》になし、八斎戒を持《たも》せて、国中の衆生天下の酒を止めんとする処に、日蓮が謗法に障《さ》えられて、此願《このねがい》難レ叶《かないがたき》由《よし》歎給候間云々《なげきたまいそうろうあいだうんぬん》」

とある。如何に禁酒運動の為に奮闘したかを見ることが出来る。この大慈悲こそ真に仏を篤信するにあらざれば為し得られないであろう。興正菩薩叡尊、忍性菩薩良観の二大聖者の福田事業に於ける禁酒運動は実に仏教史上特筆大書しなければならないことである。

(ロ) 禅宗

我が国に初めて禅宗を伝えたものは栄西《えいさい》禅師（皇紀一八〇一―一八七五、西暦一一四一―一二一五）である。初め叡山に上って研学したが、その教学に慊《あきた》らずして山を下り、後入《にゅう》宋《そう》して禅宗を伝えた。宋より禅宗を伝えると共に茶子《ちゃし》を我が国に持ち帰りこれを試植してより、茶業の発展となり、日本民族生活の上にも産業上にも、大《だい》なる貢献をなした。かくて従来の飲酒に更うるに喫茶を以てし、酒害匡済《きょうさい》に与《あずか》って力をなした。『東鑑《あずまかがみ》』に建保《けんぽ》二年二月四日の条に、将軍実朝《さねとも》が大酒して二日酔をして、大いに悩んでいる時、当時加持僧であった禅師は、茶一盞《さん》を進めて将軍の悩病《のうびょう》を平癒せしめている。その時に共に献上したものが茶徳を称えた『喫茶養生記』である。喫茶は飲酒の病を防ぎ、しかも睡《ねむり》を覚まし、身心を緊張せしめる功能があり、殊に道行の資となることを力説している。ここに茶は酒に代わり得ることとなった。徒に酒のみを禁じてもこれにかわりとなるものがなくては効果は上がらない。これによって見るも身心学道《しんじんがくどう》の大なる助けとなる茶の将来は大なる意義を有するものである。かくて禅宗と茶との因縁はすこぶる深く、『禅苑清規《ぜんえんしんぎ》』、『永平清規《えいへいしんぎ》』の茶礼《されい》は実に詳細に述べられその厳粛なる礼法はよく禅の真風が発揮せられている。禅は戒律に関しては『禅苑清規』の云うが如く、「参禅問道は戒律を先となす。もし過《とが》をはなれ非《ひ》を防ぐにあらずんば何を以てか成仏作祖《じょうぶつさそ》せん」と禅戒一如《ぜんかいいちによ》を高調し来たっているので、排酒はもちろんであらねばならぬ。

栄西禅師の弟子で入宋して正伝の仏法を伝えたものは道元《どうげん》禅師（皇紀一八六〇―一九一三、西暦一二〇〇―一二五三）である。その嫡伝《てきでん》の禅戒は達磨《だるま》大師の一心戒《いっしんかい》で、三帰三聚浄戒《さんきさんじゅじょうかい》十重禁戒《じゅうきんかい》を含んでいる。禅師は特に禅戒一如を高調して、安心立命《あんじんりゅうめい》の標準またここに置かれている。『永平祖師得度略作法《えいへいそしとくどりゃくさほう》』によるに、

「若仏子《なんじぶつし》、自ら酤酒《こしゅ》し、人をして酤酒せしめば、酤酒の因《いん》、酤酒の縁《えん》、酤酒の法《ほう》、酤酒の業《ごう》、一切の酒酤《う》ることを得ざれ。これ酒は起罪の因縁しかも菩薩は真に一切衆生明達《みょうたつ》の慧《え》を生ずべし。しかもかえって更に一切衆生顚倒の心を生ずる者はこれ菩薩の波羅夷罪《はらいざい》なり。この戒汝《なんじ》能く持つや否や能く持たん」

とある。酒は飲料のみに限らず、更に進めて一切法に対して正しき見解を有せざることを、酔酒顚倒といい、邪法宣伝を酤酒といっている。かくして修証一如《しゅしょういちにょ》の正法を鼓吹せられた。『重雲堂式《じゅううんどうしき》』に、

「サケニヱ《え》ヒ《い》テ堂中ニイルヘ《べ》カラス《ず》、ワスレテアヤマランハ礼拝懺悔《らいはいさんげ》スヘ《べ》シ。マタサケヲトリイルヘ《べ》カラス《ず》、ニラギノ、カシテ、堂中ニイルヘ《べ》カラス《ず》」

とあり。『衆寮清規《しゅりょうしんぎ》』も同様、寮中酒肉五辛《しゅにくごしん》入るべからずとあり。前件之箴規《ぜんけんのしんじゅ》、古《こ》

仏垂範尽未来際《ぶつのすいはんじんみらいさい》、当山導行《とうざんどうぎょう》とある。かくして無酒修行の道場たらしめられたのである。「いわゆる粥《かゆ》をば、御粥《おかゆ》ともうすべし。朝粥《あさかゆ》とももうすべし。粥ともうすべからず。斎《とき》をば、御斎《おとき》ともうすべし。斎時《さいじ》とももうすべし。斎《とき》ともうすべからず。よねしろめまいらせよともうすべし。よねつけというべからず。よねあらいまいらするをば浄米《じょうまい》し、まいらせよともうすべし。よねかせともうすべからず、……みなかくの如くうやまうべし。不敬はかえりて殃過《おうか》をまねき、功徳をうることなきなり」（『正法眼蔵』示庫院文）

という、この敬《けい》を以て宗《しゅう》とする、禅師の聖訓の前には、世の酔酒者は慚愧なきを得ないであろう。およそ尊き粒米であると観ずるならば、これをつぶした無用の酒は飲まれぬであろう。以て禅師の仏法が那辺《なへん》にあったかを知ることが出来る。

以上排酒主義を以て仏制を厳守した戒律仏教と禅宗とに就いて述べて来た。鎌倉武士はその質実剛健なると義を重んずることの厚き、実に日本武士道の典型として称讃せられる所である。彼等が棟梁たる執権北条氏は自ら質素倹約の範を示し、意を民政に注いで、平安以来の濫政《らんせい》による民の塗炭《とたん》の苦《く》を救った。歴代執権の中で最も有名なるものは、泰時《やすとき》、時頼《ときより》、時宗《ときむね》である。いずれも民政家として古今稀なる業績を挙げている。泰時には明恵上人があり、時頼には叡尊律師、道元禅師、時宗には当時支那より渡来した禅僧があって、いずれも精神的指導者として、その教えを如実に実践した所に北条氏善政の偉績があらわれたのである。なかんずく泰時についていえば、明恵上人の勧誡によって大義名分を明らかにせられ、治国の秘要を授けられて日本国の安泰をはかったのである。

「国を治むるはなお病を治むるが如し。その因を究めずして、薬《くす》りすれば徒らに病を益すのみ。治乱の因は人の欲に在り。公苟《いやしく》も欲を絶ち、以てこれを率いば、治幾すべし」

と上人の誡によって大いに啓発せられた信受奉行《しんじゅぶぎょう》の跡を偲ぶことが出来る。天下飢饉にあたって、彼が自ら行った、それを明恵伝に見るに、

「家中《かちゅう》ニ毎年倹約ヲ行《おこなつ》テ、畳ヲ始トシテ、一切ノカヘ《え》物共ヲモ、古キ物ヲ用ヰ《い》、衣裳ノ類モ、新《あたらし》キヲバ著《き》セズ、烏帽子ノ破レタルヲダニモ、ツクロヒ《い》続ガセテゾ着給ヒ《い》ケル。夜ハ灯ナク、昼ハ一食ヲ止メテ、酒宴遊覧ノ儀ナクシテ、其費ヲ補ヒ《い》給ケリ。心アル者、見聞ノ類、涙ヲ落サズト云事ナシ。……天下日ニ随テ治リ、諸国モ年ヲ逐テ穏カナリ。孝ノ宜キヲ見ルハ繁ク、訴ヘ《え》ノ曲レルヲ聞クハ少ナシ。是一筋ニ上人ノ恩言ニ依レリトテ、涙ヲバ拭ヒ《い》給ケル」。

とあるに見ても、上人教化の程が知られる。

当時の世相を眺むるに、平家の滅亡という事実は社会に多数の浮浪者を出し、その氏族の男子の多くは戦場の露とも消え果てたであろうが、後に残された子女の多く、殊に酒地肉林の淫蕩生活から放り出された多くの女達の生くる道として売婬に走り、社会の風紀を乱したであろうことも想像するに難くない。史実に伝える所、相模地方には多数の遊女が存在していたということである。酒と女とは付き物である。如何に鎌倉武士勇猛なりといえども、酒と女とを以てすれば、自ら内部的崩壊を来し、士気頽廃に至ることは必せりである。歴代の執権がここに留意し、武士の士気頽廃を防止する第一の方法として、取ったものが、禁酒の政策であった。上執権《かみしっけん》として禁酒の範を示している所に、北条氏の偉大なことが知られ、殊に注意すべきことは他の一族が繁栄する時には必ず出で来る閨門の乱が、北条氏のみはこれを聞かないことである。酒を遠離するものはまた自ら多妻の風からまぬがれ得ることを雄弁に物語るものといっていい。

建長四年九月三十日、北条時頼は酤酒禁止令を出した。『東鑑』に記す所によれば、鎌倉の民家にある酒壺を尽く破却した。その数三万七千二百七十四口と称せられ、やがて諸国の市酒全分停止せられた。従ってまた造酒を禁じ違犯の者は罪科に処すと定めた。実に峻厳なる禁酒政策を断行した。ややもすれば武人が飲酒に耽溺して勇猛なる士気の頽廃せんとする萌芽を憂えたからであろう。質実剛健なる士気と質素倹約によって蓄積せられた財政の豊富とがやがて来る元寇襲来の未曾有《みぞう》の国難を撃退し得た所以である。元寇国難の後に発せられた禁酒令は、挙国一致、民風振興《みんぷうしんこう》と元寇再々来とに備える意味もあったであろう。叡尊律師への約束の履行もあったであろう。北条氏民政と禁酒政策の裏には、排酒主義の禅僧、戒律僧の宗教的指導が与って力あったものと考えざるを得ない。正しき仏教の行われる時正しき社会政策が実行せられる。

(2)　開酒派

鎌倉仏教の中で我が国独創のものである所の浄土、真宗、日蓮の諸宗に於ける飲酒観《おんじゅかん》は、先に述べた戒律禅の諸宗に比して甚だ寛容なる態度を取っている。ここに開酒派という言葉でこれらを総括することは適当ではないが、末世の衆生は無戒の世だから自然飲むのも仕方がないという考え方は自ら開酒へ向かわしめることを黙許《もくきょ》したものとも見ることが出来る。よってかく名付けようと思うのである。

しかし、ここに注目すべきは、この開酒派なるものが、すべて、我が国仏教界に於ける独創派であるということである。開酒派に属するものは、酒に対する態度極めて寛容なりしとは云え、これを以て、直ちに、仏教本来の精神を忖度《そんたく》してはならぬ。現に、これら開酒派の代表的人物を観るも、自らは、酒に対して極めて厳格なりしを知らねばならぬ。

開酒派の人々が、酒に対して寛大なりし所以は、仏教そのものが酒に対して寛大なるが故にあらずして、実に、その時勢と、立場とが、酒に対して寛大なることによって、自派勢力拡大に至便《しべん》なりしを看破したるものと見るべきである。すなわち、政治的意味が多量に含まれていたもので、酒に関する限り、少なくとも邪道に堕せるものとせねばならぬ。彼等開酒派は、酒に対して寛大なりしばかりでなく、女に対しても甚だ寛大なりしを観るものである。されば開酒派の存在を以て、直ちに仏教の排酒的真精神を非難攻撃せんとするは無体《むたい》である。ここに法然、親鸞、日蓮の諸上人について順次その飲酒観を見ることとする。

(イ)　法然上人

法然上人（皇紀一七九三―一八七二、西暦一一三三―一二一二）の戒律観は極めて寛容であった。時は既に正法を過ぎ、像法去って正に今は澆末《ぎょうまつ》の世である。されば、

「念仏申さん者は、ただ生まれ付きのままに申すべし。善人は善人ながら悪人は悪人ながら、本《もと》のままにて申すべし。この念仏に入るの故に始めて持戒破戒なにくれと云うべからず。ただ本体ありのままにて申すべし」

とある。今は末法の世であるから持戒破戒も問題とする必要はない。随って弟子達の飲酒は禁止せられなかった。されば念仏を唱えると称して軽挙妄動の輩が弟子達の中から出たので、世間の批難に対して『七箇条の起請文』が、元久《げんきゅう》元年十一月七日に作られた。その停止条項の中に、

「念仏門においては戒行なしと号して、もはら婬酒食肉《いんしゅじきにく》をすすめ、たまたま律儀をま

もるをば、雑行人《ざつぎょうにん》となづけて、弥陀の本願を憑《たの》むものは、造悪《ぞうあく》をおそるることなかれということを停止《ちょうじ》すべき事」

とあって、門徒にして風儀を紊す者を誡められている。上人の飲酒観を見るべきものに、『四十五箇条問答』の

「酒飲むは罪に候か。

答。まことに飲むべくもなけれども、この世のならい」

と答えられているのを見ると、飲むことは悪いに相違ないが、世間の習慣で仕方がないとせられている。社会がそうさせるのだから、社会の習慣のままにまに従うてもよい。敢えて禁酒などと、かたくならなくてもよい。とにかく敢えて弟子達に対して咎め立てせられなかったのであろう。思うに上人自身にあっては、その行持の清く高く、実に智徳円満の高僧として聞こえたのであるから自ら飲まれたとは考えられない。飲酒は世のならいという言葉は明恵上人の言葉と対照して実に意味深長ではないか。

(ロ)　親鸞上人

親鸞上人（皇紀一八三三—一九二三、西暦一一七三—一二六三）は法然上人の弟子であって、新たに浄土真宗を開立せられたのである。その開宗にあっては無戒律を宗規として、特別仏式による宗規ではなく、ただ世間普通の道義の実行で足れりとしたものである。自ら肉食妻帯《にくじきさいたい》、非僧非俗《ひそうひぞく》の宗風を立てられたから、別段飲酒について厳誡があったものではないが、しかし、「念仏勤行の時酒狂なるべからず」という教団規定があるのは注意すべきものである。

(ハ)　日蓮上人

日蓮上人（皇紀一八八二—一九四二、西暦一二二二—一二八二）の戒律観はいわゆる、本門無作《ほんもんむさ》の戒《かい》で、南無妙法蓮華経の唱題によって、三惑《さんわく》亡び諸仏の万行《まんぎょう》具足《ぐそく》すと云うのである。

唱題すなわち妙戒《みょうかい》、妙戒によって即身成仏すというのである。

「秋元太郎兵衛殿御返事《あきもとたろうべえどのごへんじ》」に曰く、「種熟脱《しゅじゅくだつ》の法門《ほうもん》は『法華経』の肝心なり。三世十方の仏は必ず『妙法蓮華経』の五字を種として仏に成り給えり。南無阿弥陀仏は仏種《ぶっしゅ》にはあらず、真言五戒等も種ならず、よくよくこの事を習い給うべし」と念仏と真言も五戒も仏種にあらずとしている。されば上人にあっては飲酒は差し支えないとせられた。酒を飲むなというのは酒を飲んで僻事《ひがごと》をするなということである。僻事すなわち乱酔しなければ飲んでもいい。随って上人は盛んに飲酒せられた。そこで信者達は遠慮なく公然と酒を贈呈した。上人は喜んでこれを受納せられている。上人の遺文録に載せられてある酒の礼状だけでもかなりある。

清酒一樽、古酒一筒。「甘露の如くなるセイシュ、聖人《せいじん》一ツ」（「上野君消息」）とある。聖人賢人は支那で清酒濁酒の隠語である。上野氏尼御前《うえのうじあまごぜ》より酒を賜られた礼状に、

「身のひゆること石の如し。胸のつめたきこと氷の如し。然るにこの酒は煖《あたた》かにさし

沸かして藿香《かくこう》をはたと食い切って一度のみ候えば、火を胸にたくが如し。湯に入るにも似たり。汗に垢あらい、しずくに足すすぐ」

その感謝怡悦《かんしゃたいえつ》の状が実によくあらわされている。これは冬の身延山で雪の中に籠山生活をせられた時の愉悦であろう。また松野殿という婦人が干飯《ほしいい》粽《ちまき》筍《たけのこ》等《とう》の品と共に古酒一筒を送った際に、特に酒について、

「況《いわん》や民の骨を砕ける白米、人の血を綴《つづ》れるが如きなる古酒、仏『法華経』に進《まい》らせ給える女人、成仏得道《とくどう》疑うべしや」

と。この米酒供養の為にその成仏得道まで保証せられている。されば上人自身が嗜まれたのみでなく、これを信者にまで進められている。

「タダ女房と酒うちのみて、『南無妙法蓮華経』ととなえ給え」。

と家庭へまでも推《お》し及ぼしてある。飲酒戒も上人においては全く公然の棄捨となってしまった。されば忍性菩薩良観の禁酒運動に対しても、上人はこれを律国賊と攻撃し、良観

をして日蓮が謗法に障えられて天下の酒を止めんとする願い叶い難しと深く慨歎せしめたのも理あることである。

(二) 兼好と無住

鎌倉仏教の飲酒観が二方面を有っていた。一方には極力排酒を叫ぶ者もあったが、他方には飲酒は世の習として余り排撃しないのみならず、公然これを許容する宗派も出で来たった。ここに鎌倉末期の社会相を描いた兼好《けんこう》（皇紀一九四三―二〇一〇、西暦一二八三―一三五〇）の『徒然草《つれづれぐさ》』と無住《むじゅう》（皇紀一八八七―一九七二、西暦一二二七―一三一二）の『沙石集《しゃせきしゅう》』『雑談集《ぞうだんしゅう》』とに載せる所の飲酒を見よう。『徒然草』の中には酒宴の無状《ぶじょう》を詳細に書いている。

「酒をすすめ強《し》いのませたるを興《きょう》とすること、いかなるゆえとも心えず」

と無理矢理飲ませて、

「うるわしき人もたちまちに狂人となりておこがましく、息災《そくさい》なる人も目の前に大事の病者となりて、前後もしらず倒れふす。祝うべき日などはあさましかりぬべし」

と酔狂の醜態を述べている。祝うべき日などはあさましかりぬべしとは蓋し至言である。

更に二日酔に対して、

「あくる日まで頭いたく、物くわずによいふし、生《せい》を隔てたるようにして、昨日のことおぼえず、公私の大事をかきてわずらいとなる。人をしてかかるめを見すること、

慈悲もなく礼義にもそむけり」

と人に無理に酔酒せしむることを無慈悲無礼と喝破している。かくて二日酔で苦悩した者は、「ねたく口をしと思わざらんや」と言い、「ひとの国にかかるならいあなりと、これらになき人事にて、伝え聞きたらんは、あやしく不思議におぼえぬべし」と痛罵《つうば》している。酒宴の席上の乱酔無状を描写している中に、僧侶のこれらに交わって醜態を尽くしている有様。

「年老いたる法師召し出されて、黒く穢《きたな》き身を肩ぬぎて、目もあてられず、すじりたる」

或いは、

「年老い袈裟《けさ》かけたる法師の、小童《こわらべ》の肩をおさえて、聞こえぬ事どもいいつつよろめきたる、いとかわゆし」

とかかる酒乱法師が少なくなかったのであろう。また有名なナンセンスである仁和寺《にんなじ》の法師が法師になる祝宴を張って、酔興に乗じて、傍にあった足鼎《あしかなえ》を頭にかつぎ踊ったが遂に抜けないで困り、京の医師にようやく無理に抜いて貰ったら耳も鼻もかけながらぬけた。これは酒狂がせしめる笑えぬ悲哀である。当時の僧侶が酒に沈湎していたことの如何ばかりなるかを知ることが出来よう。

かく酒害の恐ろしい様を描いているが、兼好自身として全然排酒主義ではなかった。

「かくうとましと思うものなれど、おのずから捨て難きおりもあるべし」

と云って少量の飲酒はおもむきあるものとしている。

「月の夜、雪の朝、花のもとにても心のどかに物語して盃《はい》いたしたる、万《よろず》の興をそうるわざなり。つれづれなる日、おもいの外に友の入りきて執り行いたるも心慰む。なれなれしからぬあたりの御簾《みす》の中より、御菓子、御酒《ごしゅ》など、よきようなるけはいして、さし出されたるいとよし。冬せばき所にて火にてものいりなどして、へだてなきどちさしむかいて多く飲みたるいとおかし。いとういたむ人の、強いられてすこし飲みたるいとよし。よき人のとりわきて、今ひとつうえすくなしなどのたまわせたるもうれし。ちかづかまほしき人の上戸《じょうこ》にて、ひしひしと馴れぬるまたうれし。さはいえど上戸は、おかしく罪ゆるさるるものなり」

と云っている。これは風流よりすれば興味あるであろうが、宗教者としては彼もまた酒に飲まれたものであろう。

無住の『沙石集』『雑談集』も当時の時勢を見るには面白い資料である。酒のことも

色々載せてあるが彼自身の云う所を見るに、

「在家の酒宴にはやたらと強いたり、飲み狂いたりして、無駄に洪水のように酒をこぼしたりする。律僧は全分には飲まずして炎旱のようであるが、自分が用いるのは、日でりにちと夕立したるが如し。またこれを用ゆるに慈悲はあれども、狂ぜる事なし」（『高僧名著全集』「無住国師」五六二）

とごまかしている。また、

「何物《なにもの》モツネニ見《み》ルニハイトハ《わ》シシ。イツモアカヌハ。粥《かゆ》ト大乗《だいじょう》。大乗ノ言《こと》ノ中《なか》ニ法《ほっ》華真言禅門等《けしんごんぜんもんとう》ミナ合《あわ》セリ。又《また》大乗ノ茶《ちゃ》モヒソカニ合《あわ》スベシ。小乗大乗ノ茶同ジク愛《あい》シ侍《はべ》リ。大乗ノ茶トイフ《う》事。嵯峨《さが》ノ浄金剛院《じょうこんごういん》ノ院主道観房《いんしゅどうかんぼう》。浄土宗《じょうどしゅう》ノ学生《がくしょう》後嵯峨法皇《ごさがほうおう》ノ御帰依《ごきえ》ノ僧《そう》トキ《き》、シカ。弟子《でし》ノ律師《りっし》。夏《なつ》ノ此対面《このたいめん》ノタメニ来《きた》ルコトアリケルニ、人ヲ召《めし》テ大乗ノ茶マヰ《い》ラセヨト云《いう》。ウチニ銚子《ちょうし》ニ玄水《げんすい》ヲタブ《たぶ》〳〵ト入レテ来レリ。ヤ御《ご》房是《ぼうこれ》メセ。『梵網経《ぼうもんきょう》』ニハ、酒ノ器《うつわ》ヲ過《すご》セバ、五百生《しょう》手ナキ報《むくい》ヲ得《う》ト説《とか》シタリ。サレドモ道観ハ極楽ヘ参ズレバ、カタハ《わ》モノニハヨモナラジ。大乗善根界《ぜんこんかい》ハ等《ひとし》クシテ、無識嫌名《むきげんみょう》、女人及《にょにんおよ》ビ根欠《こんけつ》、二乗種《にじょうしゅ》ハ不生《ふしょう》ト云《い》ヘ《え》リ。サレバ根欠ノ身ニハ生《うま》レヂ。タダメセト云《いう》ニ、慎《つつ》ンテ《で》言《げん》ナシ。イデイデトテ我三杯《われさんばい》ノミテ、弟子ニサス。弟子三杯ノム。又モテ来レトテ、又三杯ノミテ、内野《ないや》ニテ酔《よい》サマシテ、寺ヘ帰ラレヨト云フ。弟子三杯ノミテケリ。此事《このこと》ヲキヽ《き》侍リシヨリ、大乗ノ名モナツカシク覚《おぼ》エ侍ルママニ、多クノ名ノ中ニ大乗ノ茶ト申《もうし》ナレタリ。ヲ《お》カシク侍リ。玄水《げんすい》ハ医書《いしょ》ノ中ニ見エタル名ナリ。或《あるい》ハ僧ノ中ニハ般若湯《はんにゃとう》トモイヘ《え》リ。本説ハ知ラズ侍リ。俗ノ時ニハ三寸《さんずん》ト云ヘリ。寸《すん》ヲキト読ムコト馬ノ四寸五寸《よんすんごすん》ナルヲバ四寸五寸《よんきごき》ト云フ証拠ナリ。或ハ忌憂《ぼうゆう》トイフ《う》。コレヲ飲ミヌレバ、憂ヲワスルヽ《る》故ナリ。楽天《らくてん》ガ《が》云フ《う》、忘二世上ノ憂悲《せじょうのうれいをわするる》ヲ一第一ニハ不レ如レ禄《ろくにしかず》ニ、第二ニハ不レ如レ酒《さけにしかず》ト云々《うんぬん》。文集ニアリ。医書ニ云《いわ》ク。雪ノ中ニ山ヲ越ユルニ、三人ノ中ニ、上戸《じょうこ》ノ酒多ク呑《のみ》タルハ悩《のう》ナシ。少《すくな》ク呑ムハ死セズ、呑マザルハ即《すなわ》チ死ス。云々。人身《にんしん》ハ受《うけ》ガタシ。酒ヲ以テ身《み》ヲ資《たす》ケ、道行《どうぎょう》ゼバ。仏道《ぶつどう》ノ助縁《じょえん》タルベ

シ」（『雑談集』巻三）

以て無住の考え方が知られる。大乗の茶、般若湯《はんにゃとう》、玄水《げんすい》等の隠語で盛んに飲んでいた当時の教界の状態も偲ばれる。思うに無住は禅門に通じ、真言を学び、浄土門に入った博学者である。そこに宗とする所がない様に思われる。いわゆる真実の仏教者ではあり得ない。しかも老荘の思想を多分に持ち清談者《せいだんしゃ》流に見る如き、逃避的ないわゆる文学僧《ぶんがくそう》であったにちがいない。この無住に類似しこれを踏襲して酒気分でやって行くのが五山文学僧《ござんぶんがくそう》である。

酒は人の嗜好に投じ易いものであるから、禁酒の難より開酒の易につくは流水の下に降るが如く、乾ける薪に火の燃え易いと同様である。飲酒の風習滔々《とうとう》として教界に瀰漫《びまん》し来たっては、少数の排酒者の叫びも焼石の水とならざるを得ない。かくすは上人《しょうにん》せぬは仏という言葉が『沙石集』に載せているが、末法無戒の世として戒律は実際に行われず、破戒の所行が公然の秘密として滔々たる世の潮流となってしまったのである。

㈤　室町戦国時代の仏教

南北朝より室町戦国の時代は、社会の秩序紊乱して闘争暗黒の世として安寧なる日とてはなかった。それと共に宗教界も戒律は弛緩し、その風儀を保つことが至難とせられるに至った。教界においては飲酒は問題とせられず遂に飲酒禁制の禅門もまた次第にその風に化せられてしまった。禅が伝えた茶は急速なる伝播をして広く国民生活を潤した。されば禅宗がこの時代において興隆すると共に、茶会となり茶湯となり盛んに行われる様になった。室町初期大名の間で行われた茶会は社交的娯楽として甚だ盛大なるもので全く支那式を模し、豪奢なやり方をしたものの様である。初めは礼儀正しい茶の湯の会合であったが、その終りに至っては酒乱の極を尽くしている。玄恵《げんえ》法印《ほういん》の『喫茶《きっさ》往来《おうらい》』は実によくその間の消息を伝えている。

「しかも日景《ひかげ》ようやく傾き、茶礼将《されいまさ》に終えんとす。すなわち茶具を退《しりぞ》け美肴《びこう》を調《ととの》え酒を勧め盃《はい》を飛ばす、十分を引いて飲《いん》を励ます。酔顔霜葉《すいがんそうよう》の紅《くれない》の如く、狂粧《きょうしょう》は風樹《ふうじゅ》の動くに似たり。或いは歌い、或いは舞い、一座の興《きょう》を増す。また絃《げん》、また管《かん》、四方《しほう》の族《やから》を驚かす」

かかる茶酒混合の珍現象が時代を風靡していた。やがて茶礼を定めて酒と離れた閑寂《かんじゃく》雅致《がち》なる茶湯《ちゃのゆ》も成立するに至ったが、茶会が支那式で直輸入のものであった関係上当時の新文化移入者として禅僧にも多分にこの悪風が浸潤し来たったものであろう。遂に無酒学道の清規《しんぎ》を以て立った禅門も何時《いつ》しか酒に飲まれるに至った。

(イ) 夢窓国師の家訓

世相の推移と禅門の酒への接近はかくの如くであったが、しかし初めにおいてはかなり厳粛なる規矩《きく》の下に禁制せられていた。蓋し禅宗も初期においては宋元一派《そうげんいっぱ》の名僧知識たる諸禅師の来朝と、これらに参学問法《さんがくもんぼう》した幾多の宗将の輩出によって、その門風を挙揚した為、当時の人心に投じて甚だ流行を極めるに至った。これらの中七朝《うちしちちょう》の帝師《ていし》として尊信《そんしん》を一身に集めたものに夢窓国師《むそうこくし》がある。当時第一の禅師であり。法苑《ほうえん》の盛《せい》、古今稀に見る所である。国師は『臨川家訓《りんぜんかくん》』において特に酒を禁じて云う。

「もしくは葷《ぐん》、もしくは酒、門に入らしむることなかれ。たとい調薬の為にもまた用うるべからず」

と道場内へ酒を入れることを一切禁止せられている。更に療病の為に酒を用いんとするものに対して訓戒して云う。

「病中ただ非時食《ひじじき》を許す。葷酒等《ぐんしゅとう》を喫《きつ》するを許さず。律院《りついん》の式、病を療ずるに五辛を食するを制せずして非時食を制す。その制意尤《もっと》もゆえあり。予の制する所はこれに反す。また所思《しょし》あり、怪しむことを得ざれ。或る人薬《くすり》を服するに酒を用いて嚥下《えんげ》す。或いは薬を煎《い》るに少しく葱根《そうこん》を入る則ちこれを禁ぜず。その余《よ》は宜《よろ》しく如来ノ寧ロ死スルモ不レ犯之《おかさずの》誡《いましめ》に遵《したが》うべし。謂うなかれ酒肉五辛《しゅにくごしん》能《よ》く人の身を養い命を延ばしんと。俗《ぞく》家長時《かちょうじ》これを食う者、未だ長生不死《ちょうせいふし》の人を見ず。僧家《そうけ》、道《どう》の為に身を養うはこれ古聖の制する所にあらず。幸《さいわい》に余薬《よやく》の用うべきあり、しかも有罪の薬を求むるはこれ悪の甚だしき者なり。人命《じんめい》保ち難し。病なくして死する者は多し。何《いか》に況《いわ》んや抱病《ほうびょう》の人をや。謂うことなかれ、まず病を療じて道《どう》を行うと。古人云く。苦楽逆順《くらくぎゃくじゅん》、道《どう》その中に在り。須《すべから》く知るべし、病悩《びょうのう》の時節乃ちこれ道《どう》の所在のみ」。

と、その後徒《こうと》を誡められている。国師の護法の念の如何に厚かったかを知り得よう。天《てん》龍寺《りゅうじ》をして無酒道場となし、大法護持《たいほうごじ》の為に遺された家訓も順奉することを得ず、応永《おうえい》二十七年幕府から禁酒令を下されている。逆転もまた甚だしというべきである。酒に親しみ酒の迷夢から醒めることの出来ない違犯の法孫《ほうそん》を思うては国師も涙せられたであろう。

かくして法は衰え夥《おびただ》しき弊害を発生するに至ったのである。

(ロ)　五山仏教

室町初期、中期を代表するものは五山仏教で、皇室および将軍の帰依を得てその極盛期を現出した。その隆盛なると共に、ようやく本来の面目が忘れられて、文筆の末技《まつぎ》に走り、ここに禅者よりは詩文家に近い者が出で来たって、世のいわゆる五山文学という者を生ずるに至った。彼等の多くは文学を専らとして、ただ文学の遊戯三昧裡に、形は禅僧なれど心は文学者であった。その理想とする所は、唐宋詩人の模倣である。酔眼矇朧《すいがんもうろう》、奇想天外の詩作がその望む所であったであろう。払拳棒喝禅機《ふつけんぼうかつぜんき》による臨済禅《りんざいぜん》、経教《きょうきょう》の擯斥《ひんせき》無文字禅《むもんじぜん》に酒は好都合である。されば無教は自ら無戒となり、大悟《だいご》の前、小戒泥《しょうかいなず》むに足らず、禅機《ぜんき》を振りまわすことに専《もつぱら》にして、戒律の観念は無視せられた。かかる傾向から酒は自ら流れ入って黙認せられたものであろう。戦国の乱世民は塗炭の苦しみに悩むも、立って法を以てこれを匡救《きゆうきよう》する具眼の宗匠が出なかった。一度応仁《おうにん》の大乱が起こるや、これらの詩僧は京師に居たたまらず、戦乱を避けて逃げたのである。かの有名な相国寺の横川景三《おうせんけいさん》（皇紀二〇八九―二一五三、西暦一四二九―一四九三）は桃源瑞仙《とうげんずいさん》と相携えて逃避し、京師の天、烽火《ほうか》に焦がるるを見ながら、一草庵《いっそうあん》に旅装《りょそう》を解いて、童子《どうじ》に苦茗《くめい》を命じ、唱酬《しょうしゅう》五更《ごこう》、興至って更に置酒《ちしゅ》して、仏陀の戒法を恐れながらも酬中《しゅうちゅう》の応対響《おうたいひびき》の如くであった。横川が継宗《けいしゅう》に与えた詩に

蓋雖二仏祖一惟酒為レ性《けだしぶっそといえどもただ さけをせいとなす》　余豈可三以レ文而滑稽二哉《よあにぶんをもってこっけいすべけんや》
遂携二酒与一レ肴《ついにさけとさかなをたずさえて》　入二嵐光林影之裡一《らんこうえいりんのうちにいる》
花為レ之舞鳥為レ之歌《はなはこれがためにまいとりはこれがためにうたう》　已而昏月朧々、《すでにしてこんげつろうろう》
一刻千金、《いっこくせんきん》　天地之間楽莫レ大レ焉《てんちのかんたのしみこれよりだいなるはなし》

（牧野信之助『［武家時代］社会の研究』）

とある。あたかも東晋の七賢《しちけん》が時世を逃避して、清談に耽った、そのままを気取ったものである。この刹那刹那の現実享楽思想に溺れた彼等の態度は、如何なる点よりするも十分

非難すべき価値がある。実に悲しむべき者であり決して仏者として取るべき態度ということは出来ない。

禁酒を以て主旨とせられた禅苑にも、一般斯かる飲酒の弊習があったので外部から、これを禁制するという皮肉な現象が起こっている。応永二十六年十月九日、将軍義持《よしもち》は相国寺に規式十四ケ条を定め、その中に厳しく飲酒を禁じ、また衆僧をして起請文を以て、向後尽未来際、酒を断つべきことを誓わしめている。更に翌二十七年二月には、嵯峨中（天龍寺以下の寺々）においても、同じく禁酒令が出た。同じく五月には一般に禅寺にこの禁令を布いたのである（辻〔善之助〕博士『日本仏教史之研究』続篇）。僧侶がかくの如く常道を逸し、節制を失うに及んでは、これ実に仏教の権威の失墜であり、衰亡への道であらねばならぬ。

(八)　蓮如上人

戦国の乱世に立って雄々しくも法鼓《ほうく》を鳴らし、宗教的情熱を以て浄土真宗を中興したものは実に蓮如《れんにょ》上人（皇紀二〇七五―二一五九、西暦一四一五―一四九九）である。真宗はその立教開宗以来、肉食妻帯を公許《こうきょ》し、戒律に依らざる宗旨であったから、飲酒もまた禁制せられることはなかったものの様である。上人の遺文集に載せられているものに、

「坊主分《ぼうずぶん》ノ人《ひと》、チカゴロハ、コトノホカ重杯《じゅうはい》ノヨシ、ソノキコヱ《え》アリ。言語道断シカルベカラザル次第ナリ。アナガチニ酒ヲノム人ヲ停止《ていし》セヨトイフニハアラズ。仏法ニツケ門徒ニツケ、重杯ナレバヤヽ《や》モスレバ、酔狂ノミ出来《しゅったい》セシムルアヒ《い》ダ、シカルベカラズ、サアラントキハ坊主分ハ停止セラレテモ興隆《こうりゅう》仏法トモイヒ《い》ツベキ歟《か》、シカラズバシカラズバ一盞《いっさん》ニテモシカルベキカ」

と重杯乱酔なることを厳誡せられている。が上人は門徒が祖山に詣でる者の労を慰むる為には、酒を用いることを許されている。

「御門徒衆、上洛候《じょうらくそうら》へ《え》ハ《ば》、前々住《ぜんぜんじゅう》上人《しょうにん》仰《おおせ》ラレ候、寒天《かんてん》ニハ御酒等《ごしゅとう》カンヲヨクサセテ路次《ろじ》ノサムサヲモ忘《わすれ》ラレ候様ニト仰セラレ候。又炎天《またえんてん》ノ時ハ酒ナト《ど》ヒヤセト仰セラレ

候御詞《おんことば》ヲ加《くわえ》ラレ候」（『蓮如上人御一代記聞書』）

と深く温情の程が思われる。ここに上人に至って開酒せらたことは注目すべきことである。

室町戦国の時代は日本仏教が完全に酒の門前に降伏した時代である。教界を挙げて滔々たる飲酒の風は嗜酒沈湎、僧侶の行持《ぎようじ》随って堕落し、飲酒がもたらす恐るべき結果は全日本仏教衰微への原由として、ここに堅く根ざしたものといわなければならぬ。

㈥　江戸時代の仏教と酒

徳川幕府は社会秩序の保全に力を注ぐと共に、宗教制度を確立して、その秩序保全を図り、仏教を保護することに努めたが、一面また干渉勘からざるものがあった。まず諸大寺に法度《はつと》を下して僧風の維持に努め、これを違反し破るものは容赦なく厳罰に処したのである。ここに至っては末法無戒の世々の習《ならい》としての遁辞は許されなくなった。真宗以外の寺院にあっては僧侶の肉食妻帯を厳禁し、もしこれを犯す者があれば、女犯《にょぼん》として流罪等の厳刑に処した。しかし僧侶の飲酒に就いては少しも法度の中に加えられていない。

切支丹《キリシタン》禁制の問題は遂に寺檀関係を成立せしめ、仏教は国教の地位を独占したのである。諸大名はそれぞれ香華寺院《こうげじいん》を建立し、寺院の伽藍《がらん》は面目をあらためた。しかし思うに形式的には偉大な勢力を握り得たが、外に競争者無く、内には経済的豊饒と、その権力位置とは自ら僧侶を安逸堕眠に向かわしむるに至った。寺檀関係よりは一切葬祭を司るに至り、年忌法要にもまた酒は自然用いられ、浅ましき有様を現出するに及んだのである。法要に酒を振舞うことを功徳と思い、檀那これを振舞い、僧侶これを飲んで喜んだのである。さればば寺院においても得度の受戒の後、その座もかえず祝いの御酒とて放埒なる俗儀をなしていた(『大梅山夜話』)。諸侯が香華院へ参拝の時は、寺院では酒を出してこれを歓待する有様であった。飲む理窟をそれぞれ付けて酒に溺れて幾多の弊風を残した。

徳川時代の仏教が酒にかく無関心であり、無自覚ならしめるに至った歴史の跡は遠く溯《さかのぼ》る。徳川幕府の宗学《しゅうがく》の奨励は、各宗派の宗乗《しゅうじょう》神学《しんがく》ともいうべきものを発達せしめた。これらの研究者は多くは復古を唱道して、仏制に違う僧風の堕落を概歎《がいたん》する者が出で来たって、戒律振興の気運が各宗に瀰《みなぎ》って来た。一方には寺院の経済的安逸と国教権の上に無自覚なる酔酒の輩もあったと共に、他方弊風を概歎して仏制に復《か》えさんと努めた真実行持の人も決して尠くはなかった。今ここに禅宗の諸高僧が如何ばかり、この酒を排撃するに心を用いたか、その勝蹤《しょうちょく》を述べて世の酔酒禅漢の痛棒としよう。

当時の禅林の風儀の如何であったかは、元禄版『大鑑清規《だいかんしんぎ》』の序文にて知ることが出来る。

「今日本禅林《にほんぜんりん》を睹《み》るに、洞上《とうじょう》においては間々《まま》規式《きしき》を講ず、済家《さいけ》は但々《ただただ》節序《せつじょ》課誦《かしょう》なるのみ。明清規典微《かすか》にこれに行わるといえども率《おおむ》ね華飾《かしょく》に従事し、ただ衣食を図る。ますます学んでますます遠し、伏して此土《このど》の禅林諸老に告ぐ。平生非梵、葷酒に放肆し、飲啖自若たるは、知らず禅規いずれの日にか行われん、痛むべし」

(イ) 黄檗の隠元と潮音

戦国の余弊は引き続いて徳川時代の教界にも及んだ。この初期は実に教界人物に乏しく、幕府保護の下に睡《ねむ》らんとした教界に、一大刺激と覚醒を与えたものは明僧隠元《いんげん》禅師（皇紀二二五二―二三三三、西暦一五九二―一六七三）の来化《らいけ》であった。来朝して見る禅苑の荒酔《こうすい》これを見るに忍びず、特に禅苑をして無《む》酒《しゅ》弁道《べんどう》の聖道場としたことは注意すべき事柄である。禅師は宗灯炳耀《しゅうとうへいよう》と法脈長流《ほうみゃくちょうりゅう》との為に、祝国福民《しゅくこくふくみん》の道場たらしめんとして、規約数条を作って本山《ほんざん》の亀鑑《きかん》とした。その一に、

「本山及び諸山、およそ黄檗の法属《ほうぞく》を称する者は概ね葷酒《ぐんしゅ》を山門に入れ仏の重戒を破ることを許さず」

とある。その著、黄檗清規《おうばくしんぎ》の法具図には禁牌石《きんはいせき》を山門外に立てることを指南している。

「不許葷酒入山門《くきよくんしゆにゆうさんもん》」

と記して高さ六、七尺、広さ一尺二寸とある。

これが不許葷酒入山門の禁牌石の榜標が建てられる基をなしたものである。黄檗の新禅風に臨済も曹洞も競って参じた時であるから、次第にこれが弘布せられて禅寺の山門頭《さんもんとう》にあらざる所無しというまでに至ったのである。しかしそれが有名無実世の笑い草として、山門頭に酒の入るを見ながら、風雨にさらされいる姿こそ、禅が実践単的《じつせんたんてき》の宗旨であるだけに、一層悲しくも痛ましき限りに思われる。いずれにせよ、この禁牌石の出現によって禅苑の酒が幾分でも注意せられ斟酌せられたであろうことは考えられる。

隠元禅師に参じてその用処を徹見《てつけん》し、行解相応化功また大であった潮音《ちようおん》禅師（皇紀二二八八―二三五五、西暦一六二八―一六九五）は、酒についてもまた師の遺誡を厳守して見るべきものがある。『霧海指南《むかいしなん》』の中に飲酒戒を詳《つまびらか》に説いている。

「飲酒戒と申すは、酒をのむ事なり。酒は迷乱《めいらん》起罪《きざい》の本とて、仏《ほとけ》殊更《ことさら》に戒め玉《たま》う。

大論《だいろん》にも三十五の過失あることを明かせり。まず酒を好んで呑む人は、士農工商の面々の作業をかきて、二日酔をして大疫病やみたるあげくのように成りて、世間の勉めなりがたし。飲むうちにも大酒をすれば云いまじきことを云い、すまじきことをして、喧嘩口論を仕出すことまま多し。財宝を多くついやすは酒に過ぎたるはなし。また四重禁戒《しじゅうきんかい》も一時に破れ、仏法教法にも酒をのみぬればつとめかけ、はては用に立たず今時在家人《こんじざいけにん》の父母供養の為めとて、年忌月忌《ねんきがっき》に旦那の僧を請じて斎《とき》の上に酒を呑ませて謡い乱舞に及べり。父母追善の為めならば酒をのませざるこそ功徳なるに、ふるまう旦那、のみける僧、これを呑むを功徳と思えり。浅猿《あさま》しき有様なり」

と追善供養に酒を飲ませる不法を指摘している。仏制に従う父母の追善ならば酒を飲ませざることこそ功徳である。追善供養の敬虔なる仏事が酒で乱されていたことが知られる。

更にこの不法をなじって大唐《だいとう》の説話を挙げて云う。

「往昔、大唐に貧女《ひんにょ》あり。娘一人持ちけるが病死しけるに因りて、この母なげきのあまりに自身のかみを切りて、銭五百文に代えて一両日過ぎて沙門《しゃもん》五人門前《もんぜん》を過ぐるを見て、家に請じて彼の娘の為めに『金光明経《こんこうみょうきょう》』を頼みて読誦させたり。その布施に件の銭を施しける。五人の沙門、その家を出て二、三里行きて酒屋ありければ、一僧云いけるは、思いもよらざる布施をとりける程に、この酒屋によりて酒をかい呑まんと云いければ、虚空よりさけびて云わく、某《それがし》先《さ》きの読誦の功力によりて生天《しょうてん》せんとす。各布施の銭にて酒をかい呑み玉わば、某また地獄に落つべしと申しければ五人の僧慚愧の心起こりて、その後五戒を正しくたもって、仏果《ぶっか》を成就するとあり、仏事に僧に酒を呑ますするは大悪事なるべし。

三国《さんごく》の伝記を見るにも、国王大臣の天下国家を滅し、その身を失いしは、この酒を好むゆえなり。仏世に祇陀太子《ぎだたいし》とて国王の太子あり。この太子酒を飲みぬれば、慈悲起こりて万民をめぐみ、また酒を呑まざれば殺害の心起こること甚だし。仏この太子に酒を許して呑ませ玉うとあり。今の世の国王大臣も慈悲の心起こり、人を恵むことあらば飲み玉うべし」（『禅門法語集』続篇「霧海指南」）

「仏事に僧に酒を呑まするは大悪事なるべし」とは実に至言である。世人は祇陀太子の例を引いて嗜好するままに理窟をつけるのが常である。「慈悲心起こり人を恵むことあらば飲み玉うべし」蓋し穿ち得て十分である。

(ロ) 済門の盤珪と一糸

臨済《りんざい》にあっては幾多の宗将《しゅうしょう》が輩出したが、ここには盤珪《はんけい》禅師（皇紀二二八二―二三五三、西暦一六二二―一六九三）と一糸《いっし》和尚（皇紀二二六八―二三〇六、西暦一六〇八―一六四六）の二人を挙げて、排酒護法《はいしゅごほう》の念を見ることとしよう。『盤珪禅師行業記』に載せる処を見るに、

「師京《しきょうの》地蔵寺《じぞうじ》に在せし時、酒製《しゅせい》の薬《くすり》、御服用《ごふくよう》に付き、酒を少し京より御取寄《おんとりよ》せ有りけり。曰く、この寺へ薬のためとて酒を入れば、児孫《じそん》の中に身《み》ども薬のために酒をとりよせたなど云いて何ぞにかこ付けて、酒を取り寄せ、飲む者あるべし。取寄たる酒

壺共に打破りすつべし。と、この儀直《ただ》ちに了瑒《りようよ》に見たるを語り、かくのごとき末代の弊事を御考え有《あつ》て、護法、一片の外他《ほかた》なし」（『国文東方仏教叢書』伝記五「盤珪和尚行業略記」）

と実に明恵上人の護法の用意と併せ見るべき勝蹤である。

一糸和尚は当代に有名な沢菴《たくあん》和尚の弟子である。沢菴和尚（皇紀二二三三―二三〇六、西暦一五七三―一六四六）は非常に衛生に注意したもので、その徒を誡むるにも酒と煙草とを止めることを熱心に説いている。この宗風は一糸和尚にあっては一層切実なるものがある。道誉《どうよ》一世《いっせい》に高く、当時の禅匠として精彩を放ち、殊に後水尾《ごみずのお》天皇の皈依《きえ》を受けて、その山中に於ける夜話《やわ》を録して上皇乙夜《いつや》の覧《らん》に上《たてまつ》った『大梅山夜話《だいばいさんやわ》』には、飲酒戒を説いて実に微に入り細に入り、断乎排酒すべきことを極言している。長いものであるが、その全文を引用することとする。

「禅家《ぜんけ》に飲酒《おんじゅ》を以て公界《くがい》の飲食《おんじき》に合わせて、少しも忌み憚《はばか》る慚愧《ざんき》の心もなきことは、末法の邪禅流布《じゃぜんるふ》の時より加様《かよう》の弊《へい》ども出で来たれり。然るに、今の禅家の輩は、その由来を少しも知らず、却《かえ》って思いみるには、飲酒を戒むることは、律家《りっけ》か、或いは独《どく》房子《ぼうず》の、道心者《どうしんもの》などの作《な》すわざなり。名山官寺《めいざんかんじ》は上代《じょうだい》よりして、酒を戒むることなしと心得て、結句戒《けっくいまし》むる者をおかしきこととす。寔《まこと》になげかわしき末法の有様なり。およそ仏教の中に飲酒の過失三十六あり、文《ぶん》しげければ煩《わずらわ》しく引くに及ばず。縦《たと》い一々に引出して証拠《しょうこ》し説《と》くと言えども、今時《こんじ》の禅僧は、これは教者《きょうしゃ》の事なりなどと云って、取るべきこととせねば、禅家の証拠を、一つ二つあげて申すべし。第一勅選清規《だいいちちょくせんしんぎ》は、禅家普通の法式《ほっしき》にして、大唐、日本、これに随わざるはなし。ただ今大徳寺《だいとくじ》妙《みょう》心寺《しんじ》に、入院、出世、入室、法会《ほうえ》等を取り行わるるといえども、この清規に依って規模《きぼ》とす。この清規の中に、飲酒を以て堅く制せらるること一二にあらず。まず沙弥《しゃみ》得度《とくど》の章に三種の不応食《ふおうじき》とて、酒と諸肉味《しょにくみ》と五辛《ごしん》とを、一生犯すまじき旨《むね》を堅く授《さず》く。今時の様に得度の受戒は、その任形ばかりにして座をもかえず、祝いの御酒《ごしゅ》とて放埒《ほうらつ》なる俗儀《ぞくぎ》は、全く古《いにしえ》になきことなり。また清規《しんぎ》『粛衆《しゆくしゆう》』の章には、もし衆僧《しゆうそう》の中に他の財を盗まんと、酒を飲むと、女色を犯す者あれば、時日を移さず、そのまま寺内を遂《お》出《い》すべし。もし暫くも留めおかば、衆僧を汚し、法門を破るなりと見えたり。この法を守る故に、大唐の禅家においては、大寺官寺《だいじかんじ》に有る僧は飲酒を犯す者一人もなし。もしなおその証拠を云わば、『中峯語録《ちゆうほうごろく》』に曰く、我初め学者にて在りしとき、則《すなわ》ち大元《だいげん》の開慶景定《かいけいけいじよう》の年中に、浄慈寺《じんずじ》または双径《そうけい》に在りしに、その時、両寺の大衆四五百衆に満てりもしその衆寮の中に一人にても、飲酒を犯したる僧あれば、常に飲まずといえども、その同郷《どうきよう》の者隣栖《りんせい》の者も、これを賤《いや》しめそしらざるはなし。飲酒の外、他事の破戒は終《つい》に聞かずと見えたり。これ元朝のことにて、殊に叢林《そうりん》の末《すえ》たりといえども、なお飲酒の戒め、禁密なることかくのごとし。況んや以て臨済《りんざい》、徳山《とくさん》、円悟《えんご》、大《だい》恵《えい》等の法席《ほつせき》全盛の時代をや。また本朝の諸大禅寺も、開山の時分は、執《いず》れも飲酒の戒めきびしきよし云い伝えぬ。夢窓国師の家訓にも酒を門内へ入ることを堅く戒めて法度せられき。これは官客俗士《かんきゃくぞくし》にも、寺内の内にて酒を用うることをゆるされず。況んや僧たる者をや。上代洛陽輦下《じょうだいらくようれんか》において、法席の盛んに道徳の照ることは、夢窓国師に超えたるはなし。七朝《しちちょう》の国師に成り玉うは、この翁一人なり。その法席に於いて飲酒の戒めかくのごとし。余寺余山《よじよさん》は推して知んぬべし。

またこの頃、明朝《みんちょう》の大儒《たいじゅ》、卓吾《たくご》先生が叢書を見るに、万暦年中《まんれきねんちゅう》に江州《こうしゅう》にて托鉢の僧三人行きしを、ある家より、その内の一僧を招き請じて、斎《とき》を供養して云う。亡せる女子《じょし》の七日に当たりぬ。念比《ねんごろ》に読誦回向《どくじゅえこう》ありて給り候えと云う。その僧主人の意にしたがい、事了《おわ》って内《うち》を出でぬ。また右の二僧を伴いて行くに、酒家のあるを見て、三人酒を飲まんためにその内へ入んぬ。主人酒を酤《く》ませ、兎角《とかく》する間にその家の窓の前に十二、三ばかりの女子近づきて云いけるは、今日《こんにち》の斎《とき》に赴かせ玉う御僧に申すべきことの候、と云う。その僧何事ぞと問えば、今日の読誦回向の御弔いによって、只今趣生《しゅしょう》いたすべきにて候。然るに飲酒を犯し玉わば、その功徳徒《いたずら》になり、趣生なりかたく候と云う。趣生とはさまよう亡魂の身を、また人間にやどることなり。その僧驚きあわて、急ぎ門外に出で見れば、跡形も見えずこれより三人の僧大いに発心して、堅く戒行を守り、修行の僧と成りたるよし見えたり。唐土《もろこし》にも加様《かよう》の世渡房主《よわたりぼうず》の破戒なるも、近比《ちかごろ》には有ると見えたり。これはなお破戒ながらも、その見、殊勝正直にして、一時の読誦回向も、一心の誠を尽す故に、その功徳空しからず。今時《こんじ》の禅僧は、一向に断無空見《だんむくうけん》なるが故に、縦《たと》い施主の求めに随い、一時の法事回向をのぶるも、ただ外相《がいそう》の仕形《しかた》までにて、胸中に誠の心毛頭《もうとう》もなし。況んや以て飲酒のことは、名山官寺の大法会《だいほうえ》といえども、その席よりもてなしとす。卓吾か言《げん》いつわりならずば、今時《こんじ》の法事詮《せん》なかるべし、また右の三僧は、女子の幽魂《ゆうこん》に逢うて、道心《どうしん》を起こせる縁となりしが、今時の禅僧ならば、縦《たと》い目のあたりに、加様の怪事に逢うともなおこれは狐狸変化の業なりと云わん。況んや伝え聞く分をや。またかくのごとき飲酒の戒を説けば、なまじいの末学浅識《まつがくせんしき》の僧有って、祇陀末利《ぎだまり》、優波梨《うぱり》、宗道者法雲等《しゅうどうじゃほううんとう》を引いて古《いにしえ》もこの類あり。何ぞ一概に制するのみならんやと云う。殊に今時の酒肉に肥えたる禅僧の好んで云うことなり。狂解と云うはこれなり。祇陀末利は天子の太子と云う。また在家なり。僧の例に引くべき理なし。優波梨は一時の権変《けんぺん》によりて、その僧の根器《こんき》熟《じゅく》せるを知る故に、まず病を治め、頓《やが》て羅漢果《らかんか》を得せしむ。これ各別の義なり。法雲宗道者は、大達過量《だいたつかりょう》の散聖《さんせい》にて、凡聖《ぼんしょう》の間に求めがたし。邪禅《じゃぜん》の己がすき好む処にこれを引かば笑うべし。況んや僧家をや。在家の上にさえ柳下恵《りゅうかけい》が跡を師とせざるを以て、能く学び得たりとす。また霊山会上《りょうぜんえじょう》の八万の諸大衆、禅門千七百人の偏《あまね》き跡をば習わずして、その中一つ二つのかわりたる跡をとめて普通の例とし、我が得方《えほう》の証拠に引いて、禅家の酒肉さして咎《とが》なしと申されんは、そのいわれなきにあらずや。肉と婬《いん》とは別書に詳《つまびらか》に論ず。これは先ず禅門の飲酒一義を申すなり」(『続禅門法語集』「大梅山夜話」)

この文は実に飲酒仏教者への大痛棒である。当時の禅院が酒に乱されていた宗弊《しゅうへい》を挙げ

て一々これを破している。禅家の証拠として、

第一　敕修《ちょくしゅう》清規《しんぎ》沙弥《しゃみ》得度《とくど》章《しょう》の中に三種の不応食《ふおうじき》として飲酒を挙げていること。

第二　同清規《しんぎ》粛衆《しゅくしゅう》章《しょう》の飲酒する者はそのまま寺内を放逐すること。

第三　実例として、中峯語録による浄慈《じんず》、双径《そうけい》両寺の大衆、もし飲酒する者あれば、これを賤しめそしった。元朝の叢林《そうりん》の末にあってすら然り、上世には絶えてなかった。

第四　我が国の夢窓国師の家訓には酒を門内へ入れることを禁じ、官客俗士《かんきゃくぞくし》も寺内にて酒を用いることを禁制した。

第五　明朝の卓吾の叢書に載せたる托鉢僧の亡女の読誦回向をして貰った布施で、酒を飲まんとした時に、亡女あらわれ、本日我が為に読誦回向せられた功徳失す。且つ趣生の障になると告げたので、中止して真面目な道心僧となった。

とこの五例をあげて誡められた。更になまじい末学浅識僧が、祇陀末利、優波梨、宗道者

法雲の例を引いて、飲酒に賛する認識不足者を破して云う

第一、祇陀末利は在家である。僧の例に引くべきにあらず。

第二、優波梨は一時の権方便《ごんほうべん》によって悟道《ごどう》に引き入れたもの。

第三、法雲宗道者は大達過量の散聖、これを、師とすべきではない。

と明快なる論断を下し、「霊山会上八万の諸大衆、禅門千七百人の偏き跡をば習わずして、その中一つ二つのかわりたる跡をとめて、普通の例とし、我が得方の証拠に引いて、禅家の酒肉をして咎なしと申されむは、そのいわれなきにあらずや」と喝破せられているのは、特殊と普遍とを錯覚した酒狂禅者への最もよき誡である。

(八) 曹洞禅の排酒者

道元禅師の宗風もまた時流に流れて、その宗旨の神随を伝えた『正法眼蔵《しょうほうげんぞう》』は徒に高閣《こうかく》に列《つら》ねられて、世に出でざること五百年の久しきであった。これを以て見るもその如何を

十分に察知することが出来る。道元禅師の宗風も臨済の家風も撰《えら》ぶ所はなく、等しく五山僧の陥った飲酒の悪弊から免れることは出来なかった。酒狂の気焔を禅機と考えられたことはもちろんであったであろう。この頽廃的気分の中から復古宗乗の気運が起こり、僧風の矯正、宗弊の革正運動が、宗祖の根本聖典たる『正法眼蔵』研究に着眼せられるに及んでまた酒のことに付いて注意が払われるに至った。四十年の歳月を費し一意《いちい》宗弊革正《しゅうへいかいせい》の叫びを挙げて、遂にその目的貫徹を成就した卍山《まんざん》和尚の正法の信念は余りにも有名である。この宗弊革正は実に至難中の至難事業であった。当時の宗政を握った僧統《そうとう》は事なかれ主義にこれを葬り去らんとした。新規刷新は幕府の政策上、殊に宗教問題には最も忌む所で、一向に取り上げられなかった。この時に図らずも不飲酒の仏制を守る卍山和尚（皇紀二二九五―二三七四、西暦一六三五―一七一四）の正法護持の熱意が、遂に阿部豊後守《あべぶんごのかみ》を動かして、これが目的貫徹にまで進んだ痛快な史実がある。この復古運動の史実を和尚自身物語られた実録である『宗統復古志』に載せる所を左に掲げる。

「昔《むかし》シ卍師《まんじし》ノ集福寺《しゅうふくじ》ニ随侍《ずいじ》シ玉フ《たまう》時、稍《や》ヤ寺政《じせい》ヲ厳《おごそ》カニシテ、葷酒《くんしゅ》ヲ禁セ《ぜ》ラル。折柄《おりから》豊後守殿《ぶんごのかみどの》（阿部豊後守）入国ノ始メ、集福寺ニ来儀《らいぎ》シ玉ヘ《え》リ。饗応《きょうおう》ノ時、酒ヲ進メズ、家臣コレヲ訝《いぶか》ル。卍師出《いで》テ云《いう》。当寺今仏制《とうじいまぶっせい》ヲ守《まもら》ンガタメニ、御酒《ごしゅ》ヲ献ゼズ。大守《たいしゅ》ノ一《ひと》回《た》ビ御入《おいり》アリテ、法門《ほうもん》ノ大禁《たいきん》ヲ建玉フ《たてたまう》功徳、亦《また》ナリト申サレケレバ、豊後殿尤《もっとも》ニヤ思召《おぼしめ》ケン、法ハ法ニ立テテ用ヰ《い》ザル所ハ、用ヰ《い》サルコト善《よ》シトゾ仰《おお》セラル。是ヨリ卍師は法ヲ重ンズル人ゾト知玉ヘ《しりたまえ》ルナリ。ナルホドニ此度革弊《このたびかくへい》ニ付キ阿部御父子《あべごふし》ノ護法大形《おおかた》ノ事ニアラズ」（『宗統復古志』巻之上）

卍山和尚の眼中、法の為には王侯なし。実に当時の香華寺院に太守の詣でる時、阿附《あふ》至らざるなき世俗僧の多き世に、卍山和尚の仏制によって酒を献ぜずという態度は実に痛快である。正法護持の卍山和尚の真情に動かされ、帰依した阿部侯が曹洞復古の和尚の運動を成就せしむる力となったことを思えば、卍山和尚禁酒の仏制に随順した意義は実に大なるものといわねばならぬ。

次に乞食《こじき》桃水《とうすい》として洒々落々《しゃしゃらくらく》たるルンペン僧でその生涯を終わった桃水和尚は、広く、人口に膾炙《かいしゃ》していることは余りにも有名である。世人はその洒落《しゃらく》の一面を謳歌するが、またその半面、実に綿密なる行持の人であったことを知る者は少ないであろう。和尚の酒に関した逸話として大いに興味あるものが伝えられている。

肥前島原《ひぜんしまばら》の城主、高力左近太夫《こうりきさこんたいふ》が和尚を仁祠《にし》の禅林寺に請じて住《じゅう》せしめた。この寺の前《ぜん》住《じゅう》は好んで花木《かぼく》を愛し、牡丹《ぼたん》芍薬を亭前数頃《ていぜんすうけい》に植えて、盛花の時には招客《しょうきゃく》して酒宴をしていた。桃水和尚入院してから、手ずから花園《かえん》を鋤钁《じょかく》して、肥前の竹崎から茶の実を求めて植えた。これを見聞きした人々は或いは褒め或いは貶す者があった。大檀那《だいだんな》である高力侯《こうりきこう》の耳に入ったが、さすがは真の出家であると大いに称歎《しょうたん》せられた。面山《めんざん》和尚これが伝賛《でんさん》を作って云う。

钁㆓除花壇㆒賛

鉢中粒々五須弥《はっちゅうりゅうりゅうごしゅみ》　須㆘固㆓行持㆒慎㆗七支㆖《すべからくぎょうじをかとうしてしちしをつつしむべし》

何事愛レ花游度レ日《なにごとぞはなをあいしてあそびてひをわたる》　況乎嗜レ酒酔過レ時《いわんやさけをたしなみようてときをすごすや》
囲碁《いご》双陸《すごろく》修羅《しゅら》の意《い》　舞楽《ぶがく》叫歌《きょうか》地獄《じごく》の姿《すがた》
鑁二断恁麼不如法一《いんもふによほうをかくだんせば》　伽藍清浄夢還奇《がらんしょうじょうゆめまたきなり》

（『国文東方仏教叢書』伝記部「桃水和尚伝賛」）

面山和尚（皇紀、西暦一六八三―一七六九）には『信施論《しんせろん》』がある。法を重んじ、信施に生活する僧侶への厳誡を述べたもので、和尚八十七歳の老齢、しかも遷化《せんげ》の年に作られたものである。その中に酒飲僧に言及して、

「吾が禅門の如きは教外別伝《きょうげべつでん》を謬《あやま》る者、間々《まま》これあり。彼の党、互いに謂えらく、戒行戒法は律僧に関わる、別伝の宗何ぞ用いん。かくの如きの輩、顕《あらわ》に酒を飲み、陰に肉を食う。その余、破戒無慚《むざん》、枚挙すべからず。或いは謂う、悟を得る者は酒を飲み、肉を食うも一切妨げずと。これ在俗無智の男女《なんにょ》を誑惑《おうわく》するなり。汝は悟者《ごしゃ》か仏祖か。飲酒の釈迦ありや。食肉の達磨ありや」

また指月《しげつ》禅師の『禅戒扁《ぜんかいへん》』には、

「今、澆世緇徒《ぎょうせいしと》あり。常に旨酒《ししゅ》に沈湎《ちんめん》し、白衣《びゃくえ》に介酌し、己《おのれ》を蠹毒《とどく》し、人を損傷す。ただ酤酒《こしゅ》と言わず、これ禍母《かほ》を酤《う》る者なり。噫《ああ》、法王子《ほうおうし》甘んじて酒家の徒となるもまた哀《かな》しまずや。ただ、これが邪崇《じゃすう》を払い、仏に左袒《さたん》する者は一にこれが昏妖《こんよう》を解け」

と実に酒を「禍母」といい、離酒して仏に左袒する者は一にこの昏妖を解けという。誠に至言である。曹洞中興《ちゅうこう》の諸宗将が挙って飲酒を排撃したが、馬の耳に念仏であった。禅林の入口には、不許葷酒入山門の禁牌石は普《あまね》く建てられたが、羊頭《ようとう》を掲げて狗肉《くにく》を売る、有名無実の世間の笑い事と化してしまった。復古《ふくこ》の諸宗将の叫びも、禁牌石も滔々たる弊風に抗することを得ずして、今日に及んでいる。

五　食肉五辛と酒

上来《じょうらい》インド支那日本に於ける三国仏教の飲酒観の変遷を略述して来た。仏教において飲酒と共に常に問題とせられる食肉五辛《じきにくごしん》は果たして今日我々の考えている様なものであろうか。

食肉に就いてこれを我が国の古俗《こぞく》に見るに、神達《かみたち》は狩猟漁業によって捕獲し食物をなしていた。牛肉、鳥肉、魚肉等は常に食用に供せられていたもののようである。仏教伝来と共にその慈悲の思想から殺生《せっしょう》を忌むの風となり、殺生禁断の詔勅がしばしば下され、時には狩猟に更《か》えるに薬狩《くすりがり》となし来たったことは仏教のもたらした一大美風《びふう》であった。さればその影響の及ぶ所、神仏習合思想の爛熟《らんじゅく》と共に、古代の神祇《しんぎ》が肉食を忌み給わなかったのが一変して、神祇もまたこれを忌み給うという肉食禁忌の思想が生じて来た。殺生は悪中の悪、肉食は穢《けが》れたものと教えた。中世以後に至っては肉食は穢《え》であるとの観念が盛んとなり、その極端に及んではその屠者はその肉食の方面から甚しく忌まれて残酷なる名目の下に賤者の仲間に入れられ、今日なお我が同胞をして差別観念の下に悩ましめているが如き弊害を生ずるに至った。これは実に我が中世仏教の仏教本来の面目を歪曲したものである。その著しき例としては、女人禁制の聖地を作って女人を禁忌し、一は屠者を穢れたる者として宗教的救済をも避けんとしたことである。この恐病的短見《きょうびょうてきたんけん》と感情的偏見とは、仏陀の本懐への反逆者であった。肉食をすると罰があたると考えられたので、中世以後の日本人の中には、生涯肉を食べなかったものも少なくはなかった。今日においても、精進といえば肉類を全然用いない精進料理を謂うことになっている。弘法大師の信者が、遍路として八十八ケ所を巡拝する時には、精進で通す。もしも精進を破って肉食すれば、必ず罰を蒙《こうむ》って足がたたなくなり、霊験空《れいけんむな》しと信ぜられている。肉食せざることが精進であって、念々《ねんねん》努力向上せんとする精神的戦いの本意は没却せられている。かくまで肉食が恐れられ忌まれたに反し、何故飲酒すれば仏教を殺し、仏罰を蒙ると考えなかったのであろうか。仏教本来の立場よりすれば、正に本末顚倒の妄想である。

日本仏教は肉食禁忌をかくまで強調し、その極まる所、我が同胞をして階級的差別観す

るまでに至らしめたが、仏教の本来は如何と見るか。五分律には、

「仏《ほとけ》是《こ》の事《じ》を以て、比丘僧《びくそう》を集め、諸《もろもろ》の比丘に告げ給く、三種の肉あり、食うことを得ず。もしは見、もしは聞き、もしは疑い見る者、自ら己が為に殺せしを見、聞く者信ずべきの人に従って己が為に殺せしを疑う。もし不見《みず》、不聞《きかず》、不疑《うたがわず》、これを浄肉《じょうにく》となし、随意食を聴《ゆる》す」（縮蔵・張）

とあるを以て見るも、見られざる聞かれざる疑われざる肉、かく制限の下に許されていたものである。然るに『梵網経』においては菩薩の戒行として食肉を禁じている。

「若仏子《なんじぶつし》、故《ことさ》らに肉を食《じき》せんか、一切の肉を食することを得ざれ。それ肉を食するものは大慈悲の仏性の種子を断つ。一切衆生見て而かも捨て去る。この故に一切の菩薩は一切衆生の肉を食することを得ざれ。肉を食すれば、無量の罪を得ん。もし故らに食すれば軽垢罪《きょうくざい》を犯す」（縮蔵・列一八）

と肉食を禁止し、『楞伽経』は断食肉品において厳禁し来たっている。これは輪廻転生思

想が根本仏教を去るに従って、次第に取り入れられて一切衆生は過《か》、現《げん》、未三世《みさんぜ》に亘って互に関係を有していたものとの思想信仰と、仏教の根本精神たる慈悲心とから発して、かく高調せられたものであろうと思われる。要するに根本仏教においては、不飲酒戒はあっても不食肉戒は存しないのである。以て食肉と飲酒といずれが重視せられたかを知ることが出来よう。

次に五辛についてみるに、これは食すれば甚だ臭穢であるから、清浄を尊ぶ仏教においては遂に聖道を障えるというに至ったのであろう。五辛とは『梵網経』によれば、「若仏子《なんじぶつし》、五辛《ごしん》を食《じき》することを得ざれ。大蒜《だいさん》、茖葱《かくそう》、慈葱《らんそう》、蘭葱《らんそう》、興渠《こうこ》なり。この五辛は、一切の食の中に食するを得ざれ。もし故らに食する者は軽垢罪《きょうくざい》を犯す」と、これを食うものは梵網四十八軽戒の一を侵すものと規定せられている。大蒜はオホヒル、俗にロクタウといい、茖葱はノビル、慈葱はヒトモジ、蘭葱はニンニク、興渠は一説にクレノオモという。興渠は一説に支那日本にはこの物はない。蓋し梵語 Hingu 樹汁《じゅじゅう》を凝結せしめ、削って食物に和し、今もインド人多くこれを用う。臭気最も甚しいという（国訳大蔵経『梵網経』註）。『楞伽経』に至っては、

「かくの如く一切の葱韮《そうく》は臭穢《しゅうえ》不浄。能《よ》く聖道《しょうどう》を障《さ》う。また世間人天《せけんにんてん》の浄処《じょうしょ》を障う。
何に況んや諸仏浄土の果報をや」

といい、遂に酒食五辛を食うべからず、

「聖道を求むる者は、酒肉葱韮《しゅにくそうく》及び蒜薤等能熏《さんかいとうのうくん》之《の》味《み》、悉く食うべからず」

と、楞伽に至っては戒律の条目如何にかかわらず、酒肉五辛の三者が特に厳重にせられたのである。なかんずく、肉食は特に注意せられ、五辛もまた留意せられたであろうが、酒のみは遂に禁戒破れ、今日の如き浅ましき有様となったことは遺憾である。肉食も五辛も、共に修道者においては、静慮《じょうりょ》を障えて、気性を荒々しくし、また禁欲生活の障礙となる。しかし飲酒の一戒を破ることにおいて、他の四戒を尽く破棄せしむることの大と比すれば問題ではあるまい。

国王藍達《らんたつ》、孛《はい》に問うて曰く、

「如何なる者が、人の為に親信せられざるや」

答えて曰う、

「酒に酔わずと謂い、酔うて乱れずと謂う。君厚《きみあつ》く、婦愛《ふあい》す、皆信を保ち難し」（『孛経』）

六　開酒の典拠と称せられるものの批判

「仏陀の教えはあながち禁酒教ではない。経典の中には明らかに開酒してもよいという典拠があるではないか」

と、古来の酒茶論《しゅちゃろん》、その他開遮《かいしゃ》を論ずる書物や、自己の飲酒を合理づけようとした者の、常に金科玉条として引用せられている二、三の典拠がある。これらは先に潮音《ちょうおん》禅師や一糸《いっし》和尚の弁駁《べんぼく》によって明らかではあるが、なおここに重ねてこれが果たして彼等の云うが如く無条件に開酒すべき典拠なりや否や、十分に考察しようと思う。その重なるものは祇陀《ぎた》太子《たいし》及び末利《まり》夫人の事績と、『十住毘婆娑論《じゅうじゅうびばしゃろん》』五戒品《ごかいほん》とにあらわれた仏陀開酒の言葉である。以下順次これを討究《とうきゅう》しよう。

(イ) 祇陀太子

これは『仏説未曾有因縁経《ぶっせつみぞういんねんきょう》』巻下《かんげ》（宿八）に載せる所で、祇陀太子曰く、

「五戒の法中、酒戒は持ち難し。罪を得むことを畏るが故に」世尊告げて曰く、「汝酒

を飲むの時、何の悪をなすや」祇陀仏《ほとけ》に白《まほ》して、「国中《こくちゅう》の豪強《ごうきょう》時々相率《あいひき》いて酒食《しゅしょく》を賷《さい》持《じ》し、共に相娯楽《あいごらく》し、以て歓楽を致し、自ら悪無きなり。何を以ての故に酒を得ては戒を念《おも》い放逸《ほういつ》なきが故に、この故に酒を飲むも悪を行ぜざるなり」

仏言く「善哉《ぜんざい》、善哉、祇陀汝《なんじ》今すでに智慧方便を得たり。もし世間の人、能《よ》く汝の如くなれば、終身酒を飲むとも何の悪があらんや。かくの如く行ずる者は乃ち福を生ずべし。罪あるなきなり。それ人の善を行ずるにおよそ二種あり。一には有漏《うろ》、二には無漏《むろ》、有漏の善は常に人天《にんでん》の快楽果報《かいらくかほう》を受く。無漏の善は生死《しょうじ》の苦、涅槃の果報を度《ど》す。もし人飲酒《おんじゅ》して、悪業《あくごう》を起こさざるは歓喜心《かんぎしん》の故に。煩悩を起こさざるは善心《ぜんしん》の因縁。善果報を受く。汝五戒を持《たも》つに何ぞ失《しつ》あらんや。飲酒の念戒《ねんかい》ますますその福を増す。先に五戒を持ち、今十善《じゅうぜん》を受く、功徳《くどく》倍して十善の報《ほう》に勝るなり」

とある。祇陀太子は酒を飲んでも少しの悪もしない。座中放逸無慚《ざちゅうほういつむざん》の行為をするものもない。ただ、心を歓喜するのみだという。かくの如くであるならば、敢えて飲酒を禁制する必要はない。五戒の中の不飲酒戒は破っても他の四重戒が守られている。しかし一般の人が飲酒してよく祇陀太子の如くなし得るであろうか。酒は飲むが適当の量を守り、少しも酒乱に堕さないで放逸無慚の行為をなさないということが果たして酒の席で可能かどうか。

一人の鄔波索迦《うばさか》（優婆塞《うばそく》）の稟性仁賢《ほんしょうじんけん》にして五戒を受持し、専精《せんしょう》して犯さざるもの有り。後《のち》、一時《いちじ》において家属《かぞく》の大小が当《まさ》に賓客《ひんかく》となるべきとき、彼れ独り往かざるをもて、食を留めてこれに供す。彼れ時至りて食を取るに鹹味《かんみ》多きが故に、須臾《しゅゆ》にして渇《かつ》を増す。一器の中に酒有り、水の如く見ゆ。渇の為めに逼《せま》られて遂に取りてこれを飲む。その時、すなわち離酒戒《りしゅかい》を犯せり。時に隣鶏《りんけい》の来たりてその舎に入る有り、盗心をもて捕殺し、烹煮《ほうしょ》して噉《く》う、これにおいて復た離殺、盗戒を犯せり。隣女鶏《りんにょけい》を尋ね来りてその室に入るに、また威力を以って強逼《きょうはく》して交通す。これに縁《よ》りて更に離邪行戒を犯せり。隣家《りんか》憤怒して将に官司《かんし》に至らんとす。時に断事者所以《だんじしゃゆえん》を訊問するに彼れ皆、拒諍《きょそう》せり。これに因りてまた、離虚離語《りきょりご》を犯せりと。かくの如くして五戒を皆

酒に因りて犯すなり。(国訳一切経『阿毘達磨毘婆沙論』巻第百二十三)

多くはこの類《るい》に走るのである。酒はやり始めると、自分ではどうしても止めて行くことが出来ない。自知せぬ中に酩酊状態となり、気が大きくなって、杯を重ねる毎に思慮も意志も痲痺する。まして酒席において禁酒して一人だけ自分は飲まないと決心する克己心と信念だけでも容易《たやす》からぬ。恐ろしい酒気分にひたり揶揄《やゆ》と嘲弄《ちょうろう》との誘惑に堪え得ること、それが実に至難の事である。自らを祇陀太子に比して、偽善にあらずして、彼が如く酒を飲み得ると断言することの出来る者が幾何かあろう。もし太子を真実とせば実に非凡の人物である。これはいわゆる特殊の例であって普遍的の例証ではない。これを典拠として仏陀が開酒せられた等、金科玉条と心得るは、酔人の譫語《うわごと》に過ぎない。

(ロ)　末利夫人

これは波斯匿王《はしのくおう》の王妃、末利《マーリ》夫人が仏陀より五戒と八斎戒とを授かり、これを稟受《ほんじゅ》したる身にして、飲酒戒を破った事跡である。先の祇陀太子の事跡と同じく、『仏説未曾有因縁経』巻下に載せる所である。

或る時王が山に猟に出で、興に乗じて時の移るのも忘れ、食時になって急に飢えを覚えて食べようと思ったが、この日は弁当の用意をして出て来なかった。急に馬を馳せて王宮へ取りにやった。時に厨宰《ちゅうさい》が曰く、今朝その仰《おおせ》がないので、今急に調理し難い旨を申し出でた。王は激怒して厨宰修迦羅《しゅがら》を殺すべしと勅命した。時に末利夫人はこの由を聞召《きこしめ》し、修迦羅を殺すことはいたく愛惜《あいじゃく》の至りなりと、自らも紅粉《こうふん》を塗り、妓《ぎ》女《にょ》も皆粧《よそお》い、美酒好肉《びしゅこうにく》を持って急ぎ山に登り、王の前に美酒好肉を供し、歌舞したので、王の瞋心《しんしん》も解け、欣快然《きんかいぜん》として帰った。

さて翌日になって、王は深く自ら悔責《かいせき》し、愁憂《しゅうゆう》楽しまず、顔色憔悴《しょうすい》たる有様であった。夫人がその故を問うた。王の曰く、「我、昨日飢火《きか》に逼《せま》られ、瞋意心《しんいしん》を以て厨監を殺した。我が国中においても厨監をして修迦羅の如きものはない。これが為に悔恨《かいこん》して悲しむのである」と。夫人が笑って云う。「その人は生きている。王よ愁《うれ》うるなかれ」と。王が重ねて問うて曰く、「それは戯言《ぎげん》ではないか」夫人答えて、「戯言ではない。我左右をして彼を喚び来たらしめよう」そこでやって来たので王は大いに歓喜し、憂恨《ゆうこん》すなわち除くという。この由を仏陀は聞召して曰く、「末利夫人が飲酒戒と妄語戒と八斎戒とを一時に破ったが、その功徳広大であって罪あるなし、何を以ての故に、利益の為の故である」と。

また王は仏陀に問うて曰く、「末利夫人は我に酒を勧めて、我が殺人の大罪を免れしめた。爰《ここ》を以て推すときには一般の者にも酒を勧めると功徳がある。然るに何故これを禁じ給うのであるか」と。仏の曰く、「王の詰問は理に似ているけれども非である。今度の末利夫人の人を助けたのは、少時より持戒した功徳により、智恵を増長した徳で、善き智慧が生じ人を救うことが出来たのである」と答えられた。

これが末利夫人の飲酒戒を破られた典拠である。これは禁戒の功徳によって、臨機応変の善き智慧が生じ、方便して人を助けた因縁を明らかにしたもので、開酒の理由とはなり得ない。仏陀は酒を禁じたが、しかし薬用とすることを許された。毒も用い方如何では薬となる事もあり得る。その融通性を示したものというべきであろうと思う。

(八) 十住毘婆娑論

「酒はこれ放逸《ほういつ》衆悪《しゅうあく》の門。常に応《まさ》に遠離《おんり》して、口に過ごさざるべし。狂乱せず、迷酔《めいすい》せず、軽躁《きょうそう》せず、恐怖せず、無羞《むしゅう》せず、戯調《ぎちょう》せず、常に能く一心に好醜を籌量《ちょうりょう》せよ。これ菩薩或る時一切を捨せんことを楽《ねが》うてこの念を作《な》す。食を求むるものに食を与え、飲をもとむる者には飲を与う。もし酒を以て施せば応にこの念を生ずべし。今これに檀波羅密《だんはらみつ》を行ずる時、須与《しゅよ》する所に随って後当《のちまさ》に方便して教えて酒を離れしめ、智慧を念じて放逸ならざらしめよ。何を以ての故に、檀波羅密は悉く人の願《がん》を満たす。在家菩薩酒を以て施す者はすなわち罪無し。これを以て五戒の福徳《ふくとく》阿耨多羅《あのくたら》三藐《さんみゃく》三菩《さんぼ》提《だい》に廻向す。五戒を護持することは重宝を護るが如く、自ら身命を護るが如くせよ」（正蔵二十一套第五『十住毘婆娑論』巻七五戒品）

在家の菩薩の行として、菩薩の施は衆生の願望に応ず。この故に酒を望む者には酒を与えても罪にはならないという。これが法要等で酒を出して馳走し、僧にも俗にも施してよき供養をなしたと考えられるに至った典拠であろうと思う。しかしこれには酒は放逸衆悪之門として常に遠離すべく説かれてあるから、無条件に酒を与えていいわけではない。されば、「もし酒を以て施せば応にこの念を生ずべし、今これに檀波羅密を行ずる時、須与する所に随って後当に方便して教えて酒を離れしめ、智慧を念じて放逸ならざらしめよ」と、これが考慮に入れられ、離酒の方便として与える所にのみ菩薩の慈悲心がある。徒に願望に応ずることは衆生堕獄の因とはなっても、菩提の種子《しゅじ》にはなり難いであろう。依文《えもん》解義《ぜぎ》こそ避くべきことである。酒を勧めると歓喜心の故に悪をなさない。こういう者もまた有り得る。飲酒者から手杯《しゅはい》を取った為に仕事が手につかない。この場合少量の酒は彼の心身を鼓舞して勇敢なる活動に導くことが出来る。これは中毒病者のことで普通の人に云うべきことではない。この場合の酒は薬としてに外ならぬ。精神的にも肉体的にも正常状態にある限り、酒は全然不必要のものである。酒を与えて人が一様に歓喜して悪をなさないのならばいいが、多くはそうでなくして、放逸無慚、往々にして犯罪行為まで惹起する。酒を嗜む者は多く精神的異常者すなわち神経質者が多く、酒に対する抵抗力が弱い。感情亢奮性《こうふんせい》のもの、色情倒錯性のもの、意志薄弱のもの、低能性《ママ》のもの等が少なくない。かかる者に酒を与えてその異常性を檀《ほしいまま》にせしむることが何で亡霊の追善となり、供養となるか。人の葬祭は悲哀の極である。赤い顔して高らかに笑う。歓喜心かも知れぬが、同情も温情も蹴飛ばした非人間の浅ましい姿ではないか。『十住毘婆娑論』もまた引用の典拠として開酒する理由にはならない。

以上『未曽有因縁経』の祇陀、末利の事跡および『十住毘婆娑論』に於ける開酒の因縁なりと称せられる典拠を考察して来たが、何処にも仏陀は酒を無条件に飲んでもいいと許されたという証拠はない。蓋し酒自らは善でもない悪でもない。これを如何に用いるかによって毒ともなり薬ともなる。仏陀の説法は人を見て法を説かれた。我は良医の病を知って処方を説くが如し。と経典の所々に見えている。その個性の如何によって処方せられたもの、病深き者には酒もまた用いられた。この治病精神的にも肉体的にもこの目的を外にしては、仏陀は決して開酒せよと説かれてはいない。これを単に開酒の典拠なりと強引するならば、我田引水の妄想者流の譫言に過ぎない。己が嗜酒するままに勝手の解釈を下したまでである。もし単に開酒せよとならば仏陀は何を苦しんで飲酒の害を説き、五戒の一にまで進められよう。

七　新仏教排酒運動

以上仏教史を通じて飲酒観の変遷の概要を述べて来た。特に日本仏教史を通覧するに、支那仏教が移入せられる毎に投じられた波紋は、必ず飲酒戒に関する注意を喚起せしめた。そこに常に沈滞した教界更新の実が挙げられて来た。澱《よど》める水には水垢《みずあか》が生ずるように、刺激を受けない仏教もまた塵垢《じんく》に粘着せられた。外教との争いもなく姑息偸安《こそくとうあん》の徳川三百年の間に於ける仏教の垢穢《くえ》は、いよいよ日本仏教をして無気力沈滞なものにしてしまった。排仏棄釈に弾圧を蒙り、外キリスト教の伝播はその覚醒を促して来た。しかし未だ覚醒は十分とは云い得ない。時代に遅れ、伝統の殻に捉われて、宗団自体の能力も発揮し得ない存在として、既成教団反抗の声は反宗教運動が巨弾を投じている。斯して教団信頼は日々に薄らがんとしている。

ここに新しい仏教学徒はそれぞれの宗学の拘束から脱して、今まで棄てて顧みられなかった原始根本仏教へ探究の歩を進めて、仏陀の真精神を把握せんと進んでいる。この傾向は実に仏教の為に慶幸《けいこう》に堪えない。泰西仏教研究者が与えた刺激もその一であろうが、宗学の無気力と伝統の拘束を離れた自由討究とによって、驀然《まくぜん》として仏陀の根本精神へかえりたいという願望の然らしめたものであろう。そして二千五百年前の仏陀の教説の余りの偉大に驚くのみである。ここに仏教は既成教団の清算に迫られ、その見なおしを促して来た。階級問題、経済問題、婦人問題等に関する仏陀の卓見は、実に千古不磨の法輪を転ぜられていたもので、当面の問題である飲酒問題の如き、正に世界宗教唯一の禁酒教として宣言せられていた。

上求菩提《じょうぐぼだい》、下化衆生《げげしゅじょう》、浄仏国土は仏教の理想とする所である。我が国の現状を直視する時、人口食糧問題は常に国民生活を脅かしている。エロ、グロ、テロ、ナンセンスの不健全な気風は上下を風靡し、思想国難、経済国難の声は高らかに叫ばれている。これらの危機を醸造すべく、生活に脅かされる当面の問題も考えられないで、尊き米はつぶされて有害無益の酒となり、国民は十五億円の巨額を飲んで、風教を害毒し、犯罪行為を頻出せしめ、悪疾《マ》遺伝《マ》不良の子孫を貽《のこ》し行く矛盾が行われている。忠君愛国を真に念ずるならばこれを放任していいであろうか。国の隆盛は国民精神の健全である。民族の将来を思うべきではないか。現今の世相はエロ、グロ、テロのアブノーマルを愛好している。道徳も宗教も教育も権威の失墜である、これを思い彼を考うる時には寒心せざるを得ない。古今の歴史を繙く時、我が同胞アイヌ民族の絶滅に頻している、その原因が酒に深き業因《ごういん》を存していることを思うとき、安閑逃避気分ですまされないではないか。大悲《たいひ》驚《おどろきて》入火宅門《かたくのもんにいる》と聖典にある。上求菩提、下化衆生、浄仏国土の理想を掲げて進む仏者が、この非常時国難の声を酔酒朦朧《すいしゅもうろう》と聞き流していいであろうか。世尊在世の砌《みぎり》、不飲酒戒を説き給うて酒を禁制せられた。外道どもは酒は百薬の長にして愁を掃う妙薬である、然るに仏陀、不飲酒を説いて衆生を苦しめると誹謗した。世尊外道の頭を召して汝が如き者に理を説いて聞かすも詮なければ、酒飲むが、是か否か、我が徒と汝弟子と角《かく》せんとて、左右の座を分って両側に座した。世尊の側には仏弟子、威儀堂々、粛然と坐した。外道の座へは酒を出したが、初めの程は礼儀もあったが、やがて半過から酔乱無状、座中甚だ狼藉であった。時に世尊外道の頭に向かって、左右の坐《ざ》善《ぜん》悪《あく》分《ぶ》明《みょう》なり。いずれが是か非かと。外道の頭、容《よう》を更《あらた》めて、仏座は威儀備って厳然たり。見る人信《にんしん》を増し、敬《けい》を致す。我が座は酒客尽く狂人の如く、見る人これを嫌い聞く人これを悪《にく》む。如来の不飲酒戒はこれ大悲大慈たりと。遂に仏戒を受けてその徒と共に教団に入った。この説話こそよく仏教不飲酒戒を喝破している。今外道の仏者多きは歎かわしき極みである。キリスト教は禁酒教にあらずして、しかも愛の精神止み難くここに禁酒を力説し来たっている。その叫びを知らぬげに赤い顔して酒杯を手にする仏者こそ外道の外道というべく仏陀への反逆者である。自己の宝蔵を捨てて、未だ醒めやらぬ僧侶も信者も地上に充満している。かかる者の説教も儀式も殿堂も砂上の桜閣である。かかるものこそ解消せらるべき存在である。

いやしくも教化を口にする以上、社会の害悪となる酒を止めよ。川上に立って清流に一握の土を投げしめよ。清水は濁って容易に澄まないであろう。教化者がふらふら酔っぱらって投ずる土壌の社会を濁すことは少なくない。民衆は悪化せりと他人事に自己を棚に上げて嘯《うそぶ》く、聞こえぬことである。まず自己に醒め自己を清算しなければならぬではないか。他人を認識不足と笑うより先に自己の認識不足に思い当たらねばならぬ。仏教徒たる者は須らく五戒の稟《ほん》持《じ》者《しゃ》でありたい。不飲酒を守って正見《しょうけん》の生活が必要である。自覚の宗教として家庭の各人から自覚し、後継者たる子孫をして飲酒から遠離せしむべく、母も覚醒し、父も自覚すべきである。誰しもよりよき子孫によって一層の発展を向上進化を念願せざるものはあるまい。これには酒神バッカスの手から我が子を保護しなければならぬ。我ら日本人は輝かしき天照大神の選ばれたる子孫である。皇祖の排酒の大精神は天壌無窮の神勅となり大和民族永遠の発展を予言せられている。我らは日本人たることに気付かねばならぬ。この真摯なる生活こそ仏陀の謂う正命《しょうみょう》ではないか。ここに浄仏国土の建設は営まれ、下化衆生の念願は達成せられることとなる。酒に迷わされた仏教の更生の日も来るであろう。釈尊に復《か》えれ。酒の悪から去れ。仏教革新の鐘は乱打されている。正しき宗教は今求められている。革新されたる仏徒はかく揚言《ようげん》せよ。

「私は日本人である」

「私は仏教徒である。仏教を信ずるが故に酒を飲まない」

この聖戦に勇ましい奮闘を続けて行きたい。今や論の時代にあらずして実践の時代である。

[著者]：藤原 暁三（ふじわら・ぎょうぞう）
禁酒運動家、僧侶。駒澤大学仏教学科本科において、後に日本禁酒同盟の第六代会長となる諸岡存に学ぶ。著書に『日本禁酒史』、論文に「天桂禅師の性行」など。

[編者]：日高 彪（ひだか・たけし）
昭和44年5月28日、名古屋市に生まれる。文学・歴史研究家。東海中学・東海高校（浄土宗）に学ぶ。平成6年3月、早稲田大学第一文学部文学科日本文学専修卒業。出版社勤務を経て現在に至る。

日本禁酒《にほんきんしゆ》・断酒《だんしゆ》・排酒運動叢書《はいしゆうんどうそうしよ》 3

仏教《ぶつきよう》と酒《さけ》
――不飲酒戒史《ふおんじゆかいし》の変遷《へんせん》について

平成29年8月1日初版第一刷発行
著　者：藤原《ふじわら》 暁三《ぎようぞう》
編　者：日高《ひだか》 彪《たけし》
発行者：中野 淳
発行所：株式会社 慧文社《けいぶんしや》
〒174-0063
東京都板橋区前野町4-49-3
〈TEL〉03-5392-6069
〈FAX〉03-5392-6078
E-mail:info@keibunsha.jp
http://www.keibunsha.jp/
印刷所：慧文社印刷部
製本所：東和製本株式会社
ISBN978-4-86330-182-5